Anonymus

Antonii Mass ae Gallesii I. C.

Anonymus

Antonii Mass ae Gallesii I. C.

ISBN/EAN: 9783742809957

Manufactured in Europe, USA, Canada, Australia, Japa

Cover: Foto ©Andreas Hilbeck / pixelio.de

Manufactured and distributed by brebook publishing software (www.brebook.com)

Anonymus

Antonii Mass ae Gallesii I. C.

ANTONII
MASSAE
GALLESII I.C.
DE
Origine & rebus Faliscorum
Liber.

AD LVDOVICVM MADRVCCIVM
S.R.E. Cardinalem amplissimum.

*Et alia aliorum opuscula quorum fit mentio
in sequenti pagina.*

R. P. F. *Damiani Granæ Veronensis Sacræ
Theologiæ professoris Ord. Seruorum
opera in lucem edita.*

PERMISSV SVPERIORVM.

ROMÆ, Ex Typographia Sanctij,
Soc. M.D.LXXXVIII.
IN VIA CRVCIFIXI.

De origine & rebus Faliscorum liber Antonij Maſ-
ſa Galleſii. I.C. ad Ludouicum Madruccium S.
R. E. Cardinal. ampliſſ.
Probæ Falconiæ Hortinæ cento ex Virgilio ad Vin-
centium Laurum S.R.E.Cardin. ampliſſ. tit. S.
Mariæ in via.
Iulij Capilupi Mantuani Cento, ad B. Virginem.
Eiuſdem ad Siſtum V. Pont. Max.
Eiuſdem ad Hieronymum de Ruuere S.R.E.Card.
ampliſſ.
Eiuſdem ad Scipionem Gonzagam S. R. E. Card.
ampliſſ.
Eiuſdem ad D. Thomam Auali Marchionis Piſca
riæ F.
Eiuſdem ad Iulium Roſcium Hortinum.
Iulij Roſcij Hortini carmē de vita S. Cōſtantij epī
Peruſini ad Audœnū Ludouicli epm Caſſanen.
Eiuſdem de conceptu Virginis ad VincentiumCæ-
ſalium Epiſc. Maſſanen.
Eiuſdem gratiarum actio B. Virgini Hortinæ ad
Vincentium Canſachium Amerinum.
Eiuſdem libellus Carminum ad Iulium Antonium
Sanctorium Sanctæ Seuerinæ S. R. E. Card.
ampliſſ.

LVDOVICO MADRVCCIO

S. R. E. Cardinali amplissimo.

F. DAMIANVS GRANA
S. P. D.

QVANTAS vires virtus habeat Cardinalis amplis. tum ex pluribus licet colligere, tum ex eo quod Antonio Massæ contigit; qui Gallesij in Faliscis oriundus, ea duce tantum est Romæ cõsecutus gloriæ ac splendoris, ut nulla unquã eius memoriã deletura sit obliuio. Tamẽ cum is plurima opuscula in lucẽ edidisset, quæ de iure disserũt, ac propterea in manibus hominũ sunt plena utilitatis; nescio quo casu liber hic aureus de Faliscorum reb. eorumdéq. origine, non modo in publicis

bibliothecis non legebatur; sed etiā apud eius F. viros ī iure exercitatos, omniq. laude dignissimos esse desierat. Nam pro insigni humanitate, vt petétiū multitudini satisfaceret ea ipsa quæ inter paterna mo numéta asseruabāt donare coacti sūt. Ego igitur eū Iulij Roscij Hortini opera, qui gratiam uicino benemerenti referre studuit, expolitum rursus imprimēdū statui. Volui auté vt amplitudinis tuæ potissimū nomine exiret cū hic de Gallesio honorifica fiat métio, quod vt olim sub auunculi tui Christophori Card. Tridentini nūcupati, ita nunc sub nobiliss. familiæ AB AL TAEMPS tibi sanguine coniunctissimæ ditione positum est. Accipies igitur Cardinalis amplissime hoc exiguum munus pro tuis pluribus erga me officijs. Si per ætatem licuerit, cuius iā pene finem prospicio, & indies expecto, non deero ex sacræ Theologiæ fontibus alia dicare digna studijs grauissimis amplitudinis tuæ.
 Vale.

ALDVS MANVCCIVS
Iulio Roscio S.

AT vero mihi de te cogitāti allatæ sunt literæ tuæ. quib. petis ut, si quid de Proba Falconia, quę circūfertur, apud me est, id ad te primo quoq. tēpore mittā. velle te eius femina scripta admodū ingeniosa, et quæ sexus captum superent, denuo studiosis communicare. Probo tuā pietatē, qui Patriæ tuæ decus quasi amissum restituas; &, cum eam tu ipse ornes, addas etiā ad ornamentum, quæ, maxima cum sint, maiora tamen, te ornante, fiunt. Probam ut eam esse certo existimem, de qua in tribus antiquis inscriptionibus Romanis mentio fit, facile mihi persuadeo. Et, quamquam hæc uobis, qui res Romanas assiduè tractatis, satis abundè suppetunt, uolui tamen, ut aliquid afferre videar, eas ad te mittere: ne, dum tu me satis liberalē putas, ego inofficiosus sim, & desiderari à te patiar non amorem, sed diligentiam meam. Tu interim uale, dum ego te, & amicos, uetereisq., ac nouos, inuisere cupio, & forsan spero.

Pisis Kal. Iun. CIƆ IƆ XXCIIX.

Romæ in domo Cæſia.

ANICIAE. FALTONIAE
PROBAE. AMNIOS. PINCIOS
ANICIOSQVE. DECORAVIT
CONSVLIS.   VXORI
CONSVLIS.   FILIAE
CONSVLVM.   MATRI
ANICIVS. PROBINVS. V.C.
QVAESTOR. CANDIDATVS
FILII. DEVINCTI
MATERNIS. MERITIS
DEDICARVNT.

Romæ in æde Vallen.

ANICIAE. FALTONIAE. PROBAE.
INLVSTRISSIMAE. ET
SANCTISSIMAE. ET
CASTISSIMAE. FEMINAE
HERMOGENIANVS. OLYBRIVS
V̄C̄. CONSVL. ORDINARIVS
ET. ANICIA. IVLIANA. C̄. F̄
D. D.

ANI-

In domo Cæsia.

ANICIAE . FALTONIAE
PROBAE . FIDEI . NOBILITA
TIS . ANTIQVAE . ORNA
MENTO . ANICIANAE
FAMILIAE . SERVANDAE . AC
DOCENDAE . CASTITATIS
EXEMPLO . CONSVLVM
PROLI . CONSVLVM . MA
TRI . ANICIVS . HERMOGE
NIANVS . OLYBRIVS . V.C.
CONSVL . ORDINARIVS
ET . ANICIA . IVLIAN . C. F.
EIVS . DEVOTISSIMI . FILII
DEDICARVNT

IOSEPHI CASTALIONIS
ad Iulium Capilupum.

APILVPE Laureis domesticis tuas
Qui adiungis, atq. patrui uestigijs
Insistis altis per Maronis ardua.
Tuamq. gentem Iulio prænomine
Auctam beas, inlustrióremq. efficis,
Musis amicus noster, ecquid ROSCIVS
Molitur, an suos Faliscos, & Probæ
Hortina versibus superba mœnia
In lucis oras euocare nititur,
An nostra facta in longa profert tempora
Tui stupens in carminis dulcedine,
An à tenebris nomen eximens suum
Vernumq. præstat, consulitq. ciuibus
Pijs suis, nostriq. rebus, temporis
Nec interire scripta perfert optima.

Τίπος πρόσπερος μαρπήγγος μεταχθς ημα-
νάπε πρὶς ἀναγνώσας.
Η' νὶ διορθωθεῖσαν ὁ ῥόσκιος ὕμμι παρίσχη
ἄπι περίβαν δεκάτην πιερίδα γλαφυνῶ,
ἤ ποτι βιργίλιον μυστήρια θέσπελα χριστοῦ
ὑξεδίδαξε θροεῖν, θαυματίᾳδ᾽ ἱρὰ θεῦ.
ἐξεδίδαξέδ᾽ ἄπαντας ἀριστερὰ δεξιὰ ποιῆν,
φημὶ περιτρέψαι τἄδικ᾽ ἐς εὐσεβίην.
οὐδὲ ποτ᾽ οὐδκίν μιμήσατο, ἢ τὸν ὅμιρον
φθίγξαστι δίδασι δόγματα χριστιανῶν.

IVLII ROSCII HORTINI
Argumentum in libr. de Origine ac rebus Faliscorum.

INSTITVTVM Antonij Maſſæ viri Clariſſ. in libello de origine ac rebus Faliſcorum id fuit præcipuum vt reiecta eorū opinione, qui Faliſcos ad lacum Vulſinienſem poſuerunt, eoſdē Vetia amne, qui è Cyminio mōte in Tyberim influit ac Soracte, tum ipſo Tyberi, atq́. agro Nepeſino concluderet. Hinc oblatam occaſionem arripiens veterem eorū locorum hiſtoriam euoluit. Ciuitatem Caſtellanā à Veis ſciungit, qui longè minus ab Vrbe diſtarent. Eiuſdem argumenti extat apud me liber. Ac quidem certe Ciuitatis Caſtellanæ ſanè recentem memoriam habent hyſtorici, cum antiquiorem, quam legerit auctor ad Adrianum IV. Pont. referat, qui fuit circa annum ſalutis CIƆ CLIV. At Hortinam ciuitatem peruetuſtam Colonis, & Epiſcopatu extitiſſe confirmat ex Synodo III. Symm. hi Pont. circa annum IƆ IV. cui ſubſcripſit Marſianus eiuſdem ciuitatis Epiſcopus. eiuſdem ciuitatis memoria extat apud Dionyſium Halicar. lib. x. Ro. Hiſt. ex quo decerpſit, quæ in Italiā ſuam tranſtulit

stulit Carolus Sigonius. Videdus est Damasus, in vi
ta Zachariæ. Qui lōge post sequuti sūt, vt alios præ
tereamus Blondus lib. 8. decadis primæ, Zachariæ
Lilius in mūdi descriptione, vbi ait Hortinam ciui
tatem se in Tyberim mergere. Pertinebat.n. eousq.
vt ex vestigijs apparet. Sunt qui meminerint Cassia
ni Alexandrini, qui sub Iuliano Hortinæ Vrbis epi
scopus electus est, et plurimi de sacris hospitijs à Bel
lisario ex Africa redeunte in agro Hortino ædifica
tis ditatisq. reditibus. Verum hæc missa facia-
mus. Hæc ciuitas, & situ naturæ munere concesso
& arce, quæ nomen solum reliquit posteris in prærupto saxo terrori fuit hosti, & præsidium magnis Du
cibus. Hic Albericus Etruriæ Marchio circa annū
DCCCC. & XVII. sedem tutissimam sibi ele-
gerat. Cuius fortasse nomē, nisi forte, quod suspicor
longe antiquior sit memoria, deletum est in inscri-
ptione, quam ad calcem operis addidi ex Hortinis
monumētis; Nam is Io.X. Pōt. Max. odio Vngaros
in Italiam inuexerat, cui miserrimam cladem intu
lerunt. Cum vero homo eruditus diutius per poeta-
rum, & historicorum campos fuisset uagatus, & Ve
ics, Capenates, Faleriosq. attigisset, apud quos pro-
bata fuit M. Furij Camilli Trib. militum in peda
gogi dolo integritas; Gallesium patrio amore delabi
tur. Cuius originem, situm, descriptionem, fertilita-
sem,

tem, dignitatem, & antiqui Comitatus titulos perse
cutus S. Famiani uitā, & miracula enarrat, cuius
corpus integrum, adhuc visitur in eius tēplo in ipso
cliuo, maximo concursu, ac veneratione eorū populorū. Deniq. illustres in literis, & armis Gallesio o-
riundos adiungit. Inter quos ita Antonius Massa di
gnissimus est, vt adnumeretur, vt si nullus sit alius,
cum tamen plurimi superiori ætate fuerint et nostra
vigeant, hic solus satis futurus esse videatur, qui
non modo Gallesium, sed vniuersam Faliscorum re
gionem splendore suo illustraret. Ego vero, vt deplo
raui noui Ducis Gallesij Roberti ab Altaemps im-
maturum obitum, ita deesse officio meo non potui
vicinitate locorum, & amore quin cum de Faliscis, & Gallesio hic vberius ageretur aliquot adiun
gerem epigrammata ex pluribus. quæ in eius depositio
ne ad S. Mariæ de Clementia nuncupata Transty-
berinæ regionis, affixeram.

D. O. M.
ROBERTO EX VETVSTISSIMA FAMILIA
COMITVM AB ALTAEMPS
GALLESII DVCI
A XISTO V. PONT. MAX. PRAETORIANIS
ET VRDI LEONINAE ET PIAE INDE APVD
AVENIONEM ET COMITATVM VENAISINVM
MILITARIB. COPIIS PRAEFOSITO IN IPSO
VIRTVTIS CONATV ET HONORVM CVRSV
IMMATVRE EXTINCTO
CORNELIA VRSINA VIRGINII F. CONIVGI
CLARISSIMO MOESTISSIMA POSVIT
VIXIT ANN. XX. MEN. VI. D. XIV
OBIIT III NO: NOVEM. M D LXXXVI.

IVLII ROSCII HORTINI

in eundem Tumuli.

GALLESI *qui rura colunt, campos-*
que Faliscos,
Proximaq. Hortinis pinguia rura iu-
gis.
Has tibi dant lacrymas, sani hæc monumēta doloris
ROBERTE, *& nigras in ferijs violas.*
Principe te rexit nostros Astræa penates,
Et pax, & nituit Relligionis honos.
Nunc quando præsente frui mors denegat atra,
Pectore te memori pascua nostra colent.
Hæc

Has violas, hac serta tibi carissime coniux,
　Has lacrymas spargo, sed mage ad inferias.
Heu cur non oculos coniunctim clausimus ambo,
　Non vno licuit marmore posse tegi?
Sic misera optatis cedunt contraria notis:
　Te rapuit mors, me ferrea uincla tenent.
Me tamen hoc solor. communis nos teget vrna,
　Mutuaq. æthereus vincula nectet amor.

Siste precor quicumq. Ducis monumenta sepulti,
　Romuleæ & cernis, qui fuit Vrbis honos.
Hic veteres rexit Tyberis prope rura Faliscos,
　Sceptraq. Gallesij primus in Vrbe tulit.
Romæ illum cæca contectum lumina nocte
　Angusto condit tegmine dura silex.
Da lacrymas, siue hospes ades, seu ciuis in Vrbe
　Hac niuis, ni tu durior es silice.

Transtyberim tumulata iacent delata Faliscis
　ROBERTI inuicti marmore membra Ducis.
Quisquis ades lymphasq. sacras, lacrymasq. tepētes
　Sparge, & odoratis floribus ossa tege.
Ille celer claras Superum properauit ad arces.
　Scilicet humanas æthere ridet opes.

DE ORIGINE ET REBVS FALISCORVM.

PROOEMIVM.

MAGNA profecto, atque adeo dulcis quædam res est amor in patriam, vt non inimerito mult enim nostra, cum maiorum nostrorum memoria clarissimi viri pro patriæ salute, seque, fortunasque suas deuouere, ac mortem ipsam libenter, nedum constanter oppetere non dubitarint. Quippe qui probe intelligerent, Naturam rerum omnium (vt ita dicam) parentem, non temere, sed consulto nascenti cuique certum vnum circumscripsisse locum, in quo nimirum versari, quem cum voluptate intueri, ac præ cæteris omnibus in oculis ferre, cui denique se, suaque omnia ardenti studio consecrare, vt pulcherrimum, ita etiam optimum iudicarent. Nam quid obsecro te per Deum immortalem, si modo non iniqui rerum æstimatores esse uolumus, quid (inquam) nobis ex omnibus rebus humanis, aut charius, aut dulcius, uel iucundius esse potest, aut debet, quàm ea altrix natalisque sedes unde iucundissimam hanc lucem qua fruimur, vnde vitam ac spiritum quem ducimus, vnde tot bona, tot commoda quibus utimur, sermonem scilicet ac disciplinam, instituta vitæ, leges, cæremonias, cultusque Deorum immortalium accepimus? Quanquam enim chari liberi, propinqui, familiares, omnes tamen omnium charitates patria vna ita complexa est, ut Vlyssem illum Homericum, & merito, & iure suam illam patriam Ithacam (affixam licet

quen-

quendam quasi nidulum asperrimis saxulis) tanti fecisse memoriæ proditum sit, ut tam delatæ immortalitati anteponere minime recusauerit, dummodo illius saltem fumum contueri sibi tandem liceret. Quæ quum ita sint, quanuque auctore Cicerone nihil porro tam inhumanum, tam inumane, tam ferum, quam committere vt beneficio non dicam indignus, sed victus esse uideare. Et quidem arbitror ullam neque aptiorem, neque maiorem gratiam pro tot tantisque muneribus patriæ referri ab iis qui illius gloriæ, qui dignitati, qui laudi enixissime student, qui primæ illius originis, & antiquitatis, & loci, & situs, & rerum gestarum memoriam, non solum ab obliuione hominum, atque a silentio propeque ab interitu vindicare, sed etiam fidelibus literarum monimentis æternitati consecrare, quam possunt diligentissime contendunt. Quamobrem quum ego quoque (vt Vlyssis illius utar uerbis, quem apud Alcinoum Phæacum Regem ita fere loquentem Homerus inducit) Cernere nil aliud patria iucundius vnquam. Ipse queam, quumque nulla alia in re æque suauius, aut iucundius conquiescam, quam in amore, gratáque recordatione patriæ, gentisque meæ, cui plurimis maximisque beneficiorum vinculis obstrictum me esse sentio: nihil omnino sit, quod vehementer malim, quam illi me & gratum esse, & uideri, rem profecto, ut non inutilem, ita nec iniucundam ciuibus meis præstaturam me arbitratus sum, si a primordio gentis nostræ orsus, qui primi Faliscorum auctores extiterint, quibus paruerint, quæ primum loca, quasue regiones obtinuerint, quibus cum bella gesserint, quibus legibus atque institutis obtemperauerint, quos denique Deos, Deasque quibus cæremonijs, quibusue ritibus coluerint, cæteráque id genus omnia quæcunque, uel apud probatissimos locorum, gestarúmque rerum scriptores didicerim, uel in peruetustis monumentis legerim, uel quæ ipse inuenerim, hactenus, quod sciam, aut non satis cognita, aut certe parum a nostris animaduersa, hisce commentariolis ad memoriam posteritatis commendarem, ut hac re saltem, & si non parem eius merito, at pro meo tamen studio debitam gratiam benemerenti patriæ persoluisse uideri queam, iis præsertim temporibus, quibus ea quæ de Faliscorum nostrorum origine ac sta ab antiquis scriptoribus accurate prodita sunt, aut propter iudiciorum quorundam infirmitatem, aut certe propter ipsam rerum uetustatem adeo obscura, tamque multis ac uariis difficultatibus obstructa sunt, ut pleraque non modo dubia, & incerta, sed etiam falsa atque inania passim circumferantur. Quibus ut hisce tandem commentariolis, ut possem occurrerem, dulcis me Patriæ pietas impulit, cuius dignitas, & gloria, ita mihi dies noctesque ante oculos obseruatur, ut uerissime a Vate illo tanquam ab oraculo dictum existimem. Nescio qua natale solum dulcedine cunctos Ducit, & immemores non sinit esse sui. Sed iam tempus est, ut his omissis ad id quod instituimus adiuuante Deo tandem aliquando accedamus.

De orig. & reb. Faliscorum.

ETRVRIAM partiti sunt Cato, & Silius, in maritimã, transcyminiam, & ciscyminiam, ita vt ciscyminia pars quicquid est inter Vrbem Romam, regionem maritimam, Cyminia iuga, & Tyberim complecteretur. Quo in spatio erant Sutrium & Nepete vrbes adhuc extantes cum agris suis: Capenates, Falisci, & Veientes populi. Hos quinque populos cis Cyminium montem fuisse nemo (vt puto) nisi regionis ignarus negauerit, praesertim qui ea, quae mox dicemus, legerit. Verũtamen quia nonnulli sunt qui de Faliscorum situ longe aliter sentiant, existimantes scilicet eum locum, qui nunc ad lacum Vulsiniensem appellatur vulgo Mons Flasconus fuisse Faliscorum montem, & eam planitiem, quae inter Viterbium & Montem Flasconum iacet, Faliscos esse campos, Idcirco nõ alienum fortàsse fuerit ab instituto nostro, si, quàm hi lõgissime absint a vero, ex duobus potissimum Liuij locis demonstrauero, ne in eum errorem alij quoque deinceps falsa hac nominũ decepti similitudine labãtur: scribit enim his verbis lib. 5. Decadis primae, Nec veijs melius gesta res est, &

A   auctum

De orig. & rebus

Ductum est bellum aduersu Capenatiu, & Faliscorum. Hi duo Etruriæ populi, quia proximi regione erant, deuictis Veijs bello quoque Romano se proximos fore credentes, Falisci priuata etiam causa infesti: quod Fidenati bello se iam antea immiscuerūt. Idē præterea lib. 9. Decadis eiusdem. Quum Faliscorum, & Capenatium agros a Romano exercitu sæpenumero igni, ferroq́; vastatos, ipsosq́; demum in Romanorum potestatem venisse retulisset, ac subinde bellum, quod cum Etruscis, qui Sutrium obsederant, duce Q. Fabio Consule gesserunt, descripsisset, fugatis tandem Etruscis, ita scriptū reliquit. Tum de persequēdo hoste agitari cœptum, silua erat Cyminia magis tum inuia, atq́; horrenda quàm nuper fuere Germanici saltus, nulli ad eam diem, ne mercatorū quidem adita, eam intrare haud fere quisquam præter ipsum ducē audebat, alijs omnibus cladis Caudinæ nondum memoria exciderat. & tandem subdit: præmissis speculatoribus, & cognita locorum natura, iuga Cyminij montis occupat, inde contēplatus opulenta Etruriæ arua milites emittit, & paulo post subdit: eò forte. V. legati cum duobus Tribunis plebis venerāt denūciatum Fabio Senatus verbis, ne saltum

Cymi-

Faliscorum.

A Cyminium transiret, lætati serius se quam vt impedire bellum possent venisse, nuncij victoriæ Romam reuertuntur. Quibus ex verbis, quis non videt, quis nõ intelligit, quam facile istorum inscitia coargui, conuinciq́; possit? primũ enim, qui fieri potest? vt mons ille, qui Catoni est Fiscon, nos vero corrupte Flasconum appellamus, longeq́; abest ab Vrbe, Faliscorũ fuerit? quum Faliscos ipsos (teste Liuio) proximos regione Veientibus fuisse constet? Deinde si cãpi illi, qui trans Cyminium iugũ Fisconi mõti, Viterbioq́; subiacent, Falisci campi censendi sunt, vt isti contẽdunt, mirum quid eidem Liuio in mentem venerit, vt iam toties deuictis Faliscis, atque in Romanum tandem imperiũ, ditionemq́; redactis, aperte tamen diceret, testareturq́;, Romanum exercitum non nisi post fugatos a Q. Fabio Consule Etruscos, Cyminij montis siluam primum pertrãsisse, nulli ad eam diem ne mercatorum quidem aditam, ne dicam quod superato tum demum Cyminij iugo quum & Vulsiniensium & Perusinorum, & Cortonensium. & Aretinorum, qui trans Cyminium sunt, Etruriæ populorum meminerit, de Faliscis ne verbum quidem ullum fecerit. Ac nequis dubitet aliquem in his Liuij verbis

A 2   erro-

De orig. & rebus

D errorem esse: eidem Fabio IIII. Consf. (vt idē Liu.lib.10.testatur) quòd aperuisset Cyminiã syluam, viamq́; per deuios saltus Ro. bello fecisset, non minore totius Po. consensu, quàm Senatus prouincia Etruria extra sortem decreta est. Eodē lib.10. cum duo Romani exercitus in Etruria essēt: alij duo exercitus haud procul vrbe Etruriæ fuerunt oppositi; vnus in Falisco, alter in Vaticano agro. quibus ex
E verbis fieri non potest, vt quisquam huius regionis gnarus, agrum Faliscum trans Cyminium montem esse intelligat. Quid? quod istos latuit ex probatis auctoribus esse clarum, vt ex ijs, quæ à nobis dicentur, apparebit, vnum, eundemq́; fuisse dictum Faliscorum montem, & Soracte ex Vrbe Roma cōspicuum. His accedit Strabonis auctoritas, quo teste, aliqui Falerios in Tusci regione minime locandos esse
F aiunt, sed Faliscos perse gentem, cui etiã Gratius Poeta adstipulatur; qui in lib.de venatione Faliscos a Tuscis disiungit: cui rei verba Liuij proxime posita videntur conuenire. Nemo autem dubitauit vnquam, an mons Flasconus, & illi vicinus lacus Vulsiniensium, & demum quicquid est vltra mōtem Cyminium in Tuscia regione comprehendatur. Sed reuertamur

Faliscorum.

A tamen ad id, vnde digressi sumus. Capenates a Capena vrbe primaria dicti, Cyminium ipsum Romam versus, & reliquos adiacentes monticulos incolebant, quæ vulgo nunc dicitur Montaneola, in qua extat etiã oppidum Capena nomen seruans, licet corrupto vocabulo appelletur vulgo Canapina. Veientes item, à Veijs principe ipsorum ciuitate sic dicti, possidabant quidquid agri est à Cremera fluuio Vrbi in pratis, quæ nunc ita vocantur; vicino, vsq; ad Soractis Faliscorū montis confinia, vbi nūc est oppidum Arinianum inter Tyberim, & maritimam regionem, atque agrum Nepesinum. Falisci vero tenebant quidquid reliqui est ab Ariniano, & Soracte, ad amnem Vetiam, qui è Cyminio mōte in Tyberim labitur inter Tyberim ipsum, & Nepesinū Capenatemq; agrū. Nepete ciuitas, vt auctor est Liuius libro 7. prius socia Romanorum, cum fuisset per deditionem ab Etruscis occupata, per Camillum, & Valerium recuperata est, securi percussis deditionis auctoribus, innoxiæ multitudini reddita res, oppidumq; cum præsidio relictū, donec tertio deinde anno Triumuiri Nepetę Colonię deducendæ creati sunt, qui eam deduxerunt. Sutrium Romanorum societatem ab initio cōtra-

D&am fere semper obseruauit, & quanquam Etrusci cum Romanis bellũ gesturi semper Sutrium, & Nepete occupare contenderint, ac sæpius occupauerint, semper tamen Sutrini sunt à Romanis defensi, & vindicati. Namq̃; (inquit Liuius lib. 6.) cum ea loca opposita Etruriæ, & velut clausta inde portaq̃ essent, & illis occupandi ea, cum quid noui molirentur, & Romanis recuperandi tuendiq̃ cura erat.

E Bello punico secundo inter xij. illas colonias, quæ Q. Fabio Q. Fuluio Coss. abnuerunt milites dare, Sutrium & Nepete connumerantur à Liuio, qui lib. 29. scribit, primùm quo pacto contumaces illæ coloniæ coacta fuerint duplicatum militum numerum dare; & demum census ab eis primum receptus sit: vt quantũ numero militum, quantum pecunia valerent, in publicis tabulis monumenta extarent. Quo-

F modo autem Veientes, & Capenates in Romanorum venerint potestatem, ex ijs quæ non ita multo post de Faliscorum rebus gestis exponã, manifestissime apparebit. De Cyscyminia hac regione Silius 8. libro enarrans, qui duce Galba Romanis aduersus Annibalẽ auxilio fuerint, inquit. Hos iuxta Nepesina cohors, equiq̃ Falisci; Quiq̃ tuos Flauina focos, Sabatia

quiq̃

Faliscorum.

A quiq; stagna tenent, Cyminiaq; lacum, qui Sutria tecta, Haud procul & sacrum Phœbo Soracte frequentant. Virgilius autem, qui cõtra Aeneam duce Mesapo iuerant in bellum, referens ait. Hi Fescenninas acies, equosq; Faliscos; Hi Soractis habent arces, Flauiniaq; arua, & Cymini cum monte lacum, lucosq; Capenos. Vterq; tamen Veientes subticuit, propterea quod (vt ego quidem existimo) deleta iamdudũ ciuitate tum viciniore tum infensissima, illius nomen Romanis odicsum esset. Hęc de vniuersa Etruria, simul & Ciscyminia dicta sint. Ceterũ quia nobis de Faliscis est sermo institutus, omissis alijs, dicemus ea, quæ de vniuersis etiam Faliscis occurrunt. Quàm late pateret hæc Faliscorum regio pro certo dicere mihi difficile est, præsertim cum videam eos interdum longius esse progressos, atque etiam Alsium in littore Tusci maris, vbi nũc est arx sanctę Seuerę dicata, ab Haleso Faliscorum auctore cõditum esse. Illud igitur facilius erit ostendere, intra quos termines necessario continerentur Falisci, quo tempore cum Romanis bella gesserunt. Quum enim orientem versus esset fluuius Tyberis, & trans fluuium Sabini, & Amerini: ad meridiem vero, et vrbem Romam

A 4

dmam essent Veientes, quorum ciuitas decimotertio distabat lapide ab vrbe Roma, eratq́; ex ea parte etiam mons Soracte Faliscorum, necesse est fines inter Faliscos, & Veientes extitisse inter Soractem, & vrbē Veientum, quasi dixeris circa oppidum Arinianum distans ab vrbe xx. lapide. Ab occidente Sole erat Nepete ciuitas adhuc extans, & Capenates populi, de quibus est dictum. A Septentrione erat mons ipse Cyminius cū sylua illa vsq; ad Fabium consulem inuia, & horrenda, ac demum Vadimonis lacus, quibus disterminari Faliscos a Vulsiniensibus populis, & agro Ferentino verisimile est, tum ex qualitate syluæ, tum ex ipso lacu, ad quem veluti ad communem quādam locum initiari solita erat militia Tusca. Poterat igitur possideri a Faliscis hac regio secundum Tyberim e conspectu superiorum Sabinorum, & agri Amerini, ab Ariniano ad Vadimonis lacum, lōgitudinis millium passuū plus minus viginti trium, latitudinis ferme septem, vbi minimum quatuor, quo in spatio nūc sunt Castrum sancti Syluestri in iugo Soractis, Stabia, Ciuitas Castellana, Fabrica, Corchianum, Burgum sancti Leonardi, Gallesium, Bassanellum, Orta, Bassanum, Munianum

Faliscorum.

Anianum, Polymartium. Sed illud mirandum est, quod Eutropius in fine libri secundi, & Orosius in quarto libro, ex tam breui & angusta regiuncula, dicunt vno prælio quindecim milia Faliscorum Quinto Luctatio A. Manlio Coss. fuisse cæsa, ceteris pace concessa. Qui autem hominum ante Faliscos eam regionem tenuerint, explicatu difficile est, propter eam, quæ inter antiquitatum scriptores est discrepātia. certior mihi tamen videtur Dionysii sententia, qui de Pelasgis in Italia profugis loquens ait, Multas vrbes alias quidem ante a Siculis habitatas, alias autem ipsi construētes vna cum Aboriginibus Pelasgi incoluerunt: quarum vrbium est Cæretanorum vrbs, quæ tunc Agylla vocabatur, & Pisa, & Saturnia, Alsiumq́;, & alia quædam, quæ post longum tempus deleta sunt a Tyrrhenis. Faleria autē, & Fescennium & ætate mea habitatæ erant a Romanis, paruas adhuc quasdam seruātes reliquias Pelasgi generis, quæ vrbes prius fuerāt Siculorum, hactenus Dionysius. Faliscos nomen fuisse totius gentis, Falerios autem ciuitatis dumtaxat eorum principis, haud obscure intelligi potest non solū ex M. Catone, & T. Liuio, cuius verba inferius loco suo referemus.

Verrius

De orig. & rebus

D verum etiam ex Plutarcho, qui in Camillo in hunc fere modum scribit, Camillus sumptis copijs aduersus Faliscos impetum fecit, & Falerios vrbem ad bellum munitam omnibus rebus bellicis habentes, Castris circuit, sic certe obsidionem Falerijs despicientibus. &c. & non multo post, Subito Falerij postquam proditionē magistri ludi senserunt, &c. & deinde, Redactis in ditionem Romanorum Falerijs, factaq́;
E pace cū omnibus Faliscis, Camillus vasa colligere iussit, atq́; discessit. Regio tota, excepto Soracte, & quibusdā iuxta Tyberim collibus, fere plana est: nisi quòd crebris, confragosis, & inter saxosas rupes profundis aquarum perennium alueis interrumpitur, omnium fere segetum, arborum, fructuum, & armentorum feracissima. Princeps vniuersæ regionis ciuitas erat Faleria, seu Falerij, quam ab Arginio
F Falerio conditam esse testatur Solinus, & quā exemplo Iustitiæ Camillum Romanorum potestati subdidisse, nemo est qui nesciat. eadē successu tēporis corrupto vocabulo Falaris cœpta est dici, quod & Macrobius vsurpauit, & alij nonnulli, & seruant eius ruinæ, quæ stantibus adhuc mœnibus videntur, & Falaris appellātur. quemadmodū ea, quæ iuxta est planities, dicitur.

Faliscorum. 6

A dicitur vulgo Falarensis. In perantiquis etiā diuorum monumentis, vulgo dicunt Martyrologium, id scriptum reperi, Pridie idus Augusti, in vrbe Falari, sanctorum Gratiliani, & Fœlicissimæ virginis, quorum primum ora lapidibus pro Christo sunt contusa, deinde gladio percussi, optatam martyrij coronam suscepērūt. Fuit autem ea ciuitas Episcopali quoq; dignitate ornata, ac multis post Christū natum sæculis habitata; quod patet ex synodo habita Romæ Gregorio III. Pontifice circiter annum Dñi DCCXXX. & altera Nicolao primo Pont. circiter annum Dñi DCCCXVI. quibus inter alios Episcopos, illi videlicet Tyburtius, huic Ioannes Falaritani Episcopi subscripserunt. Erat ea ciuitas, antequam a Romanis subigeretur, vna ex principibus Etruriæ ciuitatibus, e quibus magistratus annui numero pari ad regendum vniuersam prouinciam mittebantur, dicti Lartes, & Lucumones, quod ex vno Liuio posset affirmari, cum is sæpenumero scribat, Faliscos ad Fanum Volturnæ in communi Etruriæ Concilio interfuisse, nisi ex alijs plerisq; locis esset manifestū; vt interim Blondi quoq; Foroliuiensis testimonium omittam. Quando autem excisa, & euersa fuerit, pro

certo

De orig. & rebus

D certo non comperi, sed cōiectura verisimile est, id accidisse per Albericum Etruriæ Marchionē, qui Ioannis decimi eius nominis Papæ odio ductus circa annum domini nongētesimum & decimum septimum, Orta munita, eò se recepit, & Vngaros præmijs solicitatos in Italiam vocauit, qui prouinciā ingressi, plus prope calamitatis Italiæ intulere, quàm olim Saraceni, neque ipsis quidem Etruscis pepercere, quos oportebat ex fœdere Alberici esse intactos, imo vero magis in hos, quàm in ceteros Italos est sauitum, incensis & euersis omnibus ferè oppidis, quæ ipsi occupauerant, præter Ortam ab Alberico munitam, nec post id tempus vllam de Falari habitata mentionem inueni. Ex ipsa autem Faleria, siue ex alio huius regionis loco natus est Gratius poeta; quod ipse testatur in eo versu: At cōtra nostris imbellia lina Faliscis. Quantus autem hic Poeta fuerit, ex P. Ouidij sententia iudicari potest, qui in illustriū sui temporis Poetarū enumeratione, hunc Virgilio mox subiungēdum duxit illis versibus, qui sunt in vltima elegia librorum de ponto. Tityrus antiquas, & erat qui pasceret herbas, Aptaq; venanti Gratius arma daret. de quo etiā, tum primum in lucem restituto, & ad se dela-

Faliscorum.

A te, Pontanus hæc dicit, Visus est mihi vates ille lepidus, numerosus, & tersus. Inter illustria Faliscorum loca mons erat Soracte, quod testatur Porphyrius in oden. Vides vt alta stet niue candidum Soracte, & Cato dicens: Soracte Faliscorum mons, & Plinius lib. 7. Haud procul ab vrbe Roma in Faliscorum agro familiæ sunt paucæ, quæ vocantur Hirpiæ, quæ sacrificio annuo, quod fit ad montem Soracte Apollini, super ambustam ligni struem ambulantes, non aduruntur. & ob id, perpetuo Senatus consulto militiæ, omniumq; aliorum munerum vacationem habent. Hinc & Virgilianus Aruns ait: Summe Deû custos sancti Soractis Apollo, Quem primi colimus, cui pineus ardor aceruo pascitur, & medium freti pietate per ignem, Cultores multa premimus vestigia pruna. & Silius lib. 5. Tum Soracte satû præstanti corpore, & armis Aequanum noscens, patrio cui ritus in aruo, Cum pius arcitenens accensis gaudet aceruis, Exta ter innocuos latè portare per ignes, Sic in Apollinea semper vestigia pruna inuiolata teras. & quæ sequuntur. & lib. 7. Phœbei Soractis honos Carmelus agebat. & 8. Haud procul & sacrû Phœbo Soracte frequentant. Quamquam Strabo

non

D non Apollini, sed Deæ Feroniæ, Varroq́; non pietati, sed medicamento id tribuit; quo illi plantas tinguerent. eamdem rem enarrans Solinus ait, Vulgatum per omniũ ora, quod pauca familiæ sunt in agro Faliscorum, quos Hirpios vocant, hi sacrificium annuũ ad Soractis montem Apollini faciunt, id operantes gesticulationibus religiosis exultãt, ardentibus lignorum struibus in honorem diuinæ rei flãmis par-
E centibus, &c. Soractis autem eum esse mõtem, qui ex Vrbe via Flaminia venientibus dextrorsum conspicitur, & appellatur sancti Siluestri mons, eo quod ibi sanctus ille vir aliquãdiu principis iram veritus latitauerit, ex ipsius diui Siluestri vita literis prodita est. etiam vulgo notissimum, & comprobatur ex ode 9. lib. 1. Flacci Horatij, qui quasi montem digito indicaret, ad amicum Thaliarchum, siue in agro
F suo Sabino, siue in vrbe Roma se contineret, ita scribit: Vides vt alta stet niue candidum Soracte: & ex Seruio, qui clare dicit, Soracte mons est Hirpiorum in Flaminia collocatus, & addit quamobrem illi vocarentur Hirpij, quoniam (inquit) eis in hoc monte, qui Manibus consecratus est, Diti patri aliquando sacrificantibus, cum lupi subito venientes exta rapuissent,

Faliscorum.

A puissent, illos diu insequentes, delati sunt ał
quandam speluncam halitum ex se pestiferū
emittentem, adeo ut iuxta stantes necaret; ex-
inde est orta pestilentia quia fuerant lupos sequuti, de qua re responsum est posse sedari, si
lupos imitarentur, idest rapto uiuerent, quod
postquam factum est, dicti sunt ipsi Hirpi So-
rani quasi lupi Ditis, nam lupi Sabinorū lingua vocantur Hirpi, & Ditis pater Soranus,
B cui persoluebatur sacrificiū cum lupi exta ra-
puerunt. Sub Soracte monte Straboni est vrbs
Feronia, cuius (quod ego quidem nouerim) nulla extant vestigia. Liuius vero lib. 27. in agro
Capenate ad lucum Feroniæ signa sanguine
sudasse, idq́; prodigium decreto Pontificū pro-
curatum esse ait indicta in vnum diem ad eū-
dem lucum supplicatione. & lib. 42. ait, ædem
Feroniæ in Capenate de cælo tactam esse. His
C propinquū ponitur Straboni & Solino Fescennium, Plinio Fescennia, quam male propterea
Seruius Campaniæ vrbem esse dixit cōtra etiā
ipsius Virgilij sententiā, qui Fescenninas acies
cum Faliscis numerat. Eam autem ciuitatē
autumant nonnulli fuisse, quæ nunc est ciuitas
Castellana, nullo tamen auctore certo. Illud
autem est certissimum, ibi non fuisse Veientū
ciui-

De orig. & rebus

ciuitatem, quod a nonnullis est imprudenter asseueratum: Nam vt omittam (quod etiam ex ijs quæ dicta sunt facile perspici potest) Ciuitatem Castellanam longo spatio intra Faliscorum fines positam esse, qui a Veientibus disiuncti, maximeq́, diuersi fuerant; certe Dionysius historicus lib. 2. auctor est Veientum vrbem a Roma non plusquam centū stadijs abesse; quin C. Pli. de Tybri amne loquens lib. 3. ait, mox citra tredecim millia passuum vrbis Veientem agrum a Crustumino, dein Fidenatem, Latiumq́; a Vaticano dirimēs. A quibus nec Liuius dissentit, apud quem lib. 5. Appius Claudius de Veijs loquens, ait eam vrbem intra vicesimum ab vrbe lapidē esse: Eutropius quoque lib. 1. Fidenates sexto, Veientes xviij. ab vrbe milliario distare semel, atque iterum affirmat. Quæ cum ita sint, nequaquam fieri potest vt ibi extiterit Veientum vrbs, vbi nunc est Ciuitas Castellana quod isti velle vidētur: quum (vti dictum est) illa tantummodo tredecim millia passuum, & omnino intra vicesimū lapidem ab vrbe Roma abfuerit, hāc vero vltra xxv. millia, & non minus ducentis stadijs distare omnibus notum, ac perspicuum sit. Ceterum quo in loco ciuitas Veientum sita olim fuerit,

Faliscorum.

A fuerit, quid nos assequi coniectura valeamus? cum dicat Propertius: Et Veij veteres, & vos tū regna fuistis, Et vestro posita est aurea sella foro. Nunc intra muros pastoris buccina lenti cantat, & in vestris ossibus arua metūt. & L. Florus, Nūc Veientes fuisse quis meminit? queae reliquiae? quod vestigium? laborat annaliū fides, vt Veios fuisse credamus. Huius autē noni nominis Ciuitatis Castellanae antiquiorem
B memoriam non inueni ea, quae est, apud Platinam in vita Quarti Adriani Pōtificis circa annum Domini MCLV. Quamobrem verisimile est euersa Falari, ex illius reliquijs constructam, & habitatā esse Ciuitatem Castellanam, locum natura munitiorem, & illi admodum propinquum. Ab ipsa autem vrbe Fescennio dicti sunt Fescennini versus, qui cuiusmodi essent, cum parum intellexisse videatur
C Pompeius Festus in nuptijs dumtaxat eos cani solitos arbitratus, melius intelligetur ex illis Horatij versibus: Agricolae prisci fortes, paruoq; beati, Condita post frumenta leuantes tēpore festo corpus, & ipsum animū spe finis dura ferentem, Cum socijs operum, & pueris, & coniuge fida Tellurem porco, Syluanum lacte piabant, Floribus, & vino Genium memorem

B   breuis

De orig. & rebus

D breuis æui. Fescennina per hunc inuenta licentia morem, Versibus alternis opprobria rustica fudit, Libertasq́; recurrētes accepta per annos, Lusit amabiliter. Neq; absimile est quod lib. 7. primæ decadis scribit Liuius, Non sicut ante Fescennino versu similem, incompositum temere, ac rudem alternis iaciebant. Tenendũ itaque pro certo est, Fescenninos versus fuisse, per quos inducta Rusticorũ persona tũ in se, tũ E in alios iocosa conuicia alternis canerēt non solum in nuptijs. (ut Festus ait. & satis ex Seneca tragico colligi potest, apud quē in Medea in nuptijs Glauces reginæ chorus canit, Festa dicax fundat conuicia Fescenninus, & ex illo Catulli in Epithalamio. Nec diu taceat procax Fescennina locutio, itemq́; Ausonij, Verũ quoniam Fescenninos amat celebritas nuptialis, atque etiam ex Plinio, qui lib. 15. ait, Nu-
F ces iuglandes quãquam & ipsa nuptialiũ Fescenninorum comites, multo pineis minores) sed etiam in conuiuijs, atq; alijs iocosis hominũ cōuentibus, quod ex Horatij, Liuijq́; testimonijs, & Aniani poetæ carminibus, quæ infra adscribentur, liquido patet. Eiusmodi autē iocis adhunc usque diem nostrates Rustici, præsertim vero messores, ac vinitores utuntur. Illis autē

tempo-

Faliscorum.

A temporibus adeo grati erāt Fescennini versus, vt ne Octauius quidem Augustus ab illis scribendis abstinuerit. Vnde apud Macrobiū secundo Saturnalium libro legitur, Temporibus Triumuiralibus Pollionem, quum Fescenninos in eum Aug. scripsisset, dixisse. At ego taceo, non est enim facile in eum scribere, qui potest proscribere. Omnium autem elegantissime Fescenninos scripsit Anianus poeta, de quo Ausonius in Centone nuptiali, Nā quid Aniani Fescenninos, quid antiquissimi poetæ Liuij Erotopægnion libros loquar? Is autem Anianus fuit ex nostratibus Faliscis, Probi grammatici discipulus, Auli Gellij amicus, per ea tempora quibus Adrianus ad imperium Romanum est adscitus. Ideoq́ nil mirum est eum adeo scribendis Fescenninis idest patrijs versibus præstitisse. qualis autem is fuerit, qualesq́ eius versus ex ipsius Auli Gellij, & Terentiani Mauri verbis intelligetur. Ille enim libro 7. ait, Anianus poeta præter ingenij amœnitatē literarum quoq́ veterum, & rationum in literis oppido quam peritus fuit, & sermocinabatur, mira quadā et scita suauitate. Itemq́ lib. 20. Anianus poeta in fundo suo, quem in agro Falisco possidebat, agitare solitus erat vindemiā

B 2   hilare,

D hilarè, atq; amœniter, a teos dies me, & quos-
dam item alios familiares vocauit. Terentianus vero etiam ipsos Vindemiales(vt ita dicā)
versus exempli causa suis interposuit. Cetera
pars superest, mea tibia dicere versus, Hæc iū-
cta frequentius edent Anapæstica dulcia metra. Cuicumq; libebit vt istos triplices dare sic
Anapæstos, Atque ille poeta Faliscus, Cum lu-
dicra carmina pangit. Vua vuasum, & vua
E Falerna, Et ter feror, & quater anno. Libro
quoque dixit eodem, vnde vnde colonus? Eoi
flumine venit Oronte. Erant & Phalisca metra ab eo sic fortasse dicta, quòd illis potissimū
Fescennina scriberentur: mihi tamen id aliter
non liquet. Phaliscum metrū, inquit Seruius
constat tribus dactylis, & pyrrhichichio, cui cō-
sentire videtur Terentianus, qui de A. Sereno
poeta loquens ait. Talia docta Phalisca legi-
F mus, Quando flagella iugas, ita iuga, vitis &
vlnus vti simul eant. Nam nisi sint paribus
fruticibus, Vmbra necat teneras amineas. Tale est primum Boethij carmen lib. 3. Qui serere
ingenuum volet agrum, Liberat arua prius
fruticibus. Falce rubos, filicemq; resecat: Vt
noua fruge grauis ceres eat, &c. Acron Horatij commentator in 6. oden. lib. 1. quæ incipit.
Lauda-

Faliscorum.

A *Laudabunt alij claram Rhodon, aut Mitylenen. Aut Ephesum, bimarisue Corinthi, &c.* de vltimo pede paulo aliter videtur sentire, dicit enim secundū versum illum *Aut Ephesum &c.* Tetrametrum esse, qui & Phaliscus appellatur, & ex quatuor pedibus, vltimis constat heroici versus. Exemplum vero a Seruio subicitū ab eius ratione discrepat. habet enim hoc: *Docta Phalisca Serene paraßti.* quapropter, quin corruptus sit Seruij locus in vltimo huius versus pede non est dubitandum. Deinde est apud Geographos Ortanum oppidum, quę nunc est Orta ciuitas, qua, & illius arce munita Etruria. Marchio Albericus (vt diximus) Vngaros in Italiam vocauit. Eam ciuitatem multis iam saeculis Episcopali dignitate ornatā fuisse cōstat ex tertia Synodo Symmachi Papę circa annum Domini quingētesimum quartū, cui iuxta Maximum Bleranū, Felicem Nepesinum, Romanum Nomentanum, & Asellū Populoniensem subscripsit Martianus Ortensis Episcopus, & ex Synodo N͡ lai primi cui subscriptus est Arsenius Ortanus Episcopus. De hac ciuitate putant nonnulli locutum esse Virgilium lib. 7. in illo versu, *Ortinæ classes, populiq; Latini.* Polymartium & ipsa olim Episcopali

B 3

scopali dignitate ornata ciuitas; quod patet, ex Synodo tertij Gregorij, cui subscripsit Maiorinus Episcopus Ecclesiæ Polymartij, ea, teste Blondo, patria fuit Sabiniani Papæ, qui diuo Gregorio successit. Corchianum ex ipso nomine licet conijcere antiquissimum esse vicum ab Horchia, quam nonnulli asserūt Etruriæ Deā fuisse eādem, quæ Latinis Pomona dicebatur, à qua etiam denominatum est alterū oppidū sub Cyminio Vicus Horchianus quod nomen adhuc seruans vulgo dicitur Vicorchianū. Vadimonis lacus, ad quem auctore Liu. lib. 9. initiata est Tusca militia, peruulgato quodam auctorum errore ignoratum est ad hanc vsque ætatem vbi esset, asserente Blondo eum esse, qui ad mōtem Rosulum videtur. Volaterrano vero eum qui in Viterbiensi agro Romam venientibus dextrorsum relinquitur. At qui ego vno tantum Cæcilij testimonio, atque auctoritate vtrumq; falli, atque hallucinari, luce clarius ostēdam. Scribit enim Cæcilius 8. lib. ad Gallum, Exegerat prosocer meus, vt Amerina prædia sua inspicerem, hac perambulanti mihi ostenditur subiacēs lacus, nomine Vadimonis. Lacus est in similitudinem iacētus Rotæ circū-scriptus, & vndiq; æqualis, nullus sinus, obliquitas

Faliscorum.

A quitas nulla, omnia dimensa, paria, & quasi artificis manu cauata & excisa, color cœruleo albidior, & pressior sulfure. odor, saporq́; medicatus, vis qua fracta solidantur, spatium modicum, quod tamen sentiat ventos, & fluctibus intumescat, nulla in hoc nauis, sacer enim est, sed innatant insulæ herbidæ omnes arundine & iunco tectæ, & reliqua. Itaque si is lacus vel in agro montis Rosuli, vel in cam-
B pis Viterbiensibus fuisset, vt isti volunt, profecto non solum Amerina prædia perambulanti subiacens lacus non ostendi, sed nec ex altioribus Ameriæ montibus videri potuisset vllo modo. Ne autem legētium animos in re tam clara diutius teneam, dubio procul is Vadimonis lacus est, qui in Bassani oppidi agro non longe a Tyberi, ipsoq́; Tyberi intermedio, collibus Amerinis subiectus, cetera quoque ad vnguem
C Caciliana descriptioni conuenit, excepto quod insula illa, quas etiam Plinius secundus lib. 2. mobiles esse asseruit, interuallo tanti temporis cohæserunt, quamobrem rotunditate manente, lacus est vndiq́; iunco & arundine circumsæptus, quod etiam in agro Reatino ad Cutilias aquas videmus euenisse, vbi Plinius fuisse ait similes insulas, quæ nunc non existunt. Ceterū
B 4 lacus

D lacus hic de quo loquor, adhuc quasi sacer, horrorem quendam indigenis incutit, nec pisces producit, sed tantum serpentes. Meminit etiã de ipso lacu & insulis in eo mobilibus Seneca lib. 3. naturalium quæst. qui eas natantes insulas putat ex pumicibus constare. Ex ijs, quæ diximus, cognosci facile potest, quàm hactenus longe aberrauerint à vero, non modo qui dixerunt eum esse montem Faliscorum, qui prope
E Vulsiniensium lacum situs, vulgo dicitur mons Flasconus, & eos campos esse Faliscos, qui iacent inter Viterbium & Montem Flasconum, verũ etiam qui opinati sunt & Veietum olim urbem, Ciuitatem Castellanam, & Vadimonis lacum, Viterbiensem Nauisum, aut Rosuli montis lacum, & qui Faleriam, eam quæ est Ptolomæo Ferentia, Plinio & Straboni Ferẽtiũ, Othonis olim Imperatoris patria non mul-
F tis anteactis sæculis a Viterbiensibus diruta; eius inter Vicorchianum & montem Flasconũ extant ruinæ, quæ vulgo appellantur Ferentũ. Siquidem hæc ponere nihil erat aliud, quàm totam Faliscorum regionem vltra Cymininum montem transportare, cum eam Ciscyminiã, & Veientibus Nepesinisq; confinem, ac Romæ vicinam fuisse constet; simul apparet verũ esse

quod

Faliscorum.

A quod ait Myrsilius Lesbius, De gentis antiquitate, origine, & locis minus remotis & exteris, quamuis alioquim eruditissimis, quàm ipsi gēti credendum esse. Regebantur autem Falisci populari gubernatione, quemadmodū & reliqui Etruriæ populi, quibus adeo regiū nomen odiosum fuisse Liuius refert, vt cum Veientes tædio annuæ ambitionis, quæ interdum discordiarū causa erat, veteri magistratu sublato, Regem B sibi creauissent, simuláq̃ Rom. obsidione premerentur, his omnino decreuerint auxiliū negari oportere donec sub Rege essent. Originem habuisse Faliscos ab Arginis, & illorū duce Haleso, testis est Plinius, & Ouidius, qui in Elegia de festo Iunonis ait, Argiua est pompa facies, Agamemnone caso, Et scelus, & patrias fugit Halesus opes. Iamq̃ pererratis profugus terraq̃, mariq̃, Mœnia felici condidit alta C manu, Ille suos docuit Iunonia festa Faliscos. & Fastorum lib. 4. Venerat Atridæ fatis agitatus Halesus: A quo se dictam terra Falisca putat. Huc addantur & Dionysii verba superius posita. Trogus autem Pompeius lib. 20. de Italiæ vrbibus, quæ à Græcis originem habuerunt, locutus dixit Chalcidensium esse Faliscos, Nolanos, Atellanos. Colebant Falisci ex

Deis,

De orig. & rebus

D Deis, quemadmodum & reliqui Tusci, Vadimonem, cui Deo sacer erat lacus (de quo diximus) Vadimonis appellatus. Erat autē lingua Tusca Vadimon Deus qui Romanis Vertumnus, & Ianus appellabatur. vt attestatur Berosus lib. 5. ad quod allusit Ouidius lib. Fastorū primo loquente Iano, Me penes est vnum vasti custodia mundi, & ius vertendi cardinis omne meum est. & Propert. lib. 4. loquente Vertū-
E no, Thuscus ego, thuscis orior, & reliqua. & apertius Dionysius lib. 5. Vicus Thuscus à Romanis appellatur, per quem est trāsitus ad circum maximum, vbi fuit templum Vertumni, idest Iani Etruscorum principis. Cuius Iani quadricipitis simulacrum cum quatuor frontibus in vrbem ex ipsa Faleria delatum fuisse testatur Macrobius primo Saturnalium libro, & Seruius loco supradicto, qui addit eo simu-
F lacro delato quatuor illi portarū tēplum fuisse dicatum, & ponit causas quamobrem alij bifrontem Ianum haberent, alij quadrifrontem. Fuit autem is Vadimon, ac Ianus Tuscorum Rex, qui Saturnum hospitio, & in regni partē recepit, habuitq́ue Regiam in colle, qui ex vrbe primus in Etruriam iter præbens, propterea Ianiculus dictus, Diui Petri æde notissimus est,
& de

Faliscorum. 14

A & de quo ait Ouidius, *Arx mea collis erat, quã cultrix nomine nostri Nũcupat hæc ætas, Ianiculumq́; vocat*. Huic Deo farre tantum, & vino sacrificabant, significãtes parsimoniã, & rudem victum ætatis, qua ille regnauit. Quamobrem ait Iuuenalis satyra 11. *Ponebant igitur Tusco farrata catino. Omnia tũc quibus inuideas, si liuidulus sis*, Qua etiã vsq; ad nos continuata superstitione sit, vt nostrates
B pro sacris cibis habeant placẽtas farratas. Colebant insuper accepto ritu à conditoribus Argiuis, Iunonem, quod attestatur Ouid. fastorum lib. 6. loquente Iunone, *Adde senem Tatium, Iunoniculasq́; Faliscos, Quos ego Romanis succubuisse tuli*. & Dionysius vbi ait, Templum Iunonis in Faleria eodem modo constructum quo in agro, ibi etiam expiationum ritus similis, & sacra fœmina templum curan-
C tes, & quæ canistrifera dicitur puella innupta sacra incipiens de victimis, & virginum chori laudantium Deam patrijs cantibus. Id sacrificij genus, & pompã describit Ouidius in Elegia cuius supra memini. Colebant cum his & Apollinem, & Ditem in Soracte mõte, & Deã Feroniam, cuius ædis, & luci ex Liuio mentio supra facta est. necnon & Horchiam, & Palladem,

De orig. & rebus

D laudem, ob cuius effigiem Româ inde aduectâ, ait Ouid. 3. fast. Anquia perdomitis ad nos captiua Faliscis venit? in apologetico autē Tertullianus ait, Faliscorum in honore est pater Curis, vnde accepit cognomen Iuno. Moribus, & legibus erant adeo bene instituti Falisci, vt propterea fuerint à Virgilio, & Silio æqui nuncupati. quandoquidem (vt inquit Seruius) Romanus populus ab eis iura fœcialia collegit, & E nonnulla supplementa duodecim tabularum. Quin & suos priuatim habebant anni menses, ideoq́; de Martio loquens ait Ouidius, Tertius Albanis, quintus fuit ille Faliscis. In plerisq́; autem antiquis Arginorum moribus vtebantur, à quibus ipsi originem ducebant, quod patet ex Dionysio, qui inquit, Falerii, & Festennium & ætate mea habitatæ erant à Romanis, paruas adhuc quasdam seruātes reliquias Pe- F lasgi generis, & subdit, In hisq́; restiterunt diu multa priscorū monumenta: quibus olim græca natio vsa, sicut armorum bellicorum ornatus, clypei Argolici, hasta, & inferius, Quum autem bellum inferrent ipsi, aut inuadentibus se hostibus obuiaturi pro finibus exercitū mitterent, sacri quidam viri ante, alios inermes ibant Fœciales, sacrorūq́; apparatus, & Deo-

Faliscorum.

A rā simulacra, sanctimoniaq; & sacra, & alia multa similia. Lino & Cannabi, sicut nunc, semper abundauerunt; hinc Silius ait, induti sua lina Falisci. nec sine causa dixit Poeta induti sua lina, cum ea sint molliora indumentis magis, quàm operosis rebus apta. quod testatur Gratius vocans ea imbellia lina. Apud ipsos Faliscos quoque inuentum farciminis genus, de quo Papinius lib. 4. syluarum, Non lucanica, non graues Falisci, ac Martialis: Et Lucanica ventre cum Falisco. quod genus hodie quoque in vsu est. Agri inter cetera propriū esse oues & boues albos producere testatur Plinius lib. 2. in Falisco herba depasta, & Clitumni amnis aqua pota candidos boues facit, & Ouidius in eadem elegia, Ducuntur niueæ populo plaudente iuuenca, Quas aluit campis herba Falisca suis. & primo fastorum, Colla rudes operum præbent ferienda iuuenci, Quos aluit campis herba Falisca suis. & de Ponto lib. 3. Agnaq; tam lacteus, quàm gramine pasta Falisco, Victima Tarpeios inficit icta focos. Cum Romanis Falisci, quantum ex Liuio colligitur, hoc pacto se gesserunt. Fidenæ Veientium Colonia, olim trans Tyberim missa iuxta Anienem ex aduersa parte agri Romani in

collibus

De orig. & rebus

Dē collibus nō longe à Tyberi sita Romanorū iam facta Colonia, ad Veientes defecerat, deinde quatuor legatos Populi Romani causam noui consilij quærentes, iussu Lartis Tolumnij Veientum magistratus, Fidenates interfecerant, eo Mamercus Aemilius à Romanis dictator cū exercitu missus est, Fidenatibus & Veientibus legiones Faliscorū auxilio venerunt, atq; ita trium populorū exercitus aduersus Romanos instructus est. Sed initio prælio fusi, fugatiq; sunt omnes, occiso etiam Larte Tolumnio: eius interfector A. Cor. Cossus, qui postea opima spolia in æde Iouis Feretrij cū solemni dedicatione dono fixit, Tyberim cum equitatu transuectus, ex agro Veientano ingentem abegit prædam ad vrbem. Sequenti anno Romanorum exercitus in agrum Veientem, ac Faliscum ducti sunt, præda abacta hominum, pecorumque, Vrbes tamen non oppugnatæ, quia pestilentia Romanum populum inuaserat. Insequēti vero anno captis a Seruilio Dictatore Fidenis, trepidatum est in Etruria non Veientibus solum, qui etiam tum rebellantibus Fidenatibus affuerat, sed & Faliscis memoria initi primo cum ijs belli. Quamobrem missis circa XII. Etruriæ populos legatis, licet impetrassēt,

Faliscorum. 16

A ut ad Vuolturnæ Fanū indiceret omni Etruriæ concilium, in eo tamen concilio negata sūt Veientibus auxilia, iussique suo consilio bellum initum suis viribus exequi, nec aduersarum rerum quærere socios, cum quibus spem integram communicati non sint. Præteritis deinde annis circiter XXVII. quia tempus induciarum interim post aliquot rebelliones cū Veiētibus initarum exierat, Romani per legatos, fœcialeśq; res petere cœperunt, & lege tādem de indicendo Veientibus bello perlata, exercitum magna ex parte voluntarium Tribuni militū Consulari potestate Veios duxere, Sub cuius initium obsidionis, cum Etruscorum Conciliū ad Fanum Volturnæ frequenter habitū esset, parum constitit, bello ne publico gentis vniuersa tuendi Veientes essent. Tertio autem belli anno cum Romani, Veÿq́; tāta in armis essent ira, odio q́;, ut victis finem adesse appareret, ac Romani auxissent numerum Tribunorum ad octo quot nunquam fuerant. Veientes contra tædio annuæ ambitionis, quæ interdum discordiarū causa erat, Regem sibi (quod supradictū est) creauissent. offendit ea res populorū Etruriæ animos, tum odio regni, tum ipsius Regis, qui priuata causa grauis vniuersæ genti fuerat

opibus

D opibus superbiaq;. Itaque decreuerunt auxiliū Veientibus negandum, donec sub Rege essent. Anno deinde ab Vrbe condita (ni fallor) CCCLII. Tribunis militum sex consulari potestate Veios obsidentibus, haud bene Romana res gesta, & auctum est bellum aduentu repentino Capenatium, & Faliscorum, qui duo populi (quemadmodum initio fere diximus) quia proximi regione erant, deuictis Veijs bello quoque Romano se proximos fore credentes, Falisci propria etiam causa infesti, quod Fidenati bello se iam antea immiscuerant: per legatos vltro citroq; missos iureiurando inter se obligati, cum exercitibus, nec opinato ad Veios accessere, a quibus diu in medio casi Romani, postremo desertis munitionibus per pauci in maiora castra, pars maxima tum ignominiosa clade accepta Romam pertenderunt. Insequenti vero anno sub alijs Tribunis militum bellum Romani gesserunt multiplex. eodem tempore & ad Veios, & ad Capenates, & ad Falerios, & ad alia loca. & Veijs castra, quæ amissa erāt, recuperata castellis, præsidijsq; firmantur per M. Aemilium & Q. Fabium Tribunos, M. Furium in Faliscis, & Cn. Cornelio in Capenate agro hostes nulli extra moenia inuenti.

prada

A præda acta, incendijsq; villarum, ac frugum vastati fines, oppida nec oppugnata, nec obsessa sunt. Secundo deinde anno iterum ad Veios eodem quo antea modo circa munimēta Romanorum, cum repente Capenates, Faliscíq; subsidio veniffent, aduersus treis exercitus ancipiti prælio pugnatum est. Sed victores Romani illos omnes repulerunt ingenti eorū edita cæde. Proximo autem anno ad Veios nihil admodū memorabile actum est, tota vis in populationibus fuit, duo summi Rom. Imper. Potitus a Falerijs, Camillus à Capena prædas ingentes egere, nulla incolumi relicta re, cui ferro, aut igni noceri poffet. In sequēti anno Romani desperata ope humana expugnāda Veientū ciuitatis, fata et Deos spectabāt, miffis Delphos legatis de aqua lacus Albani, quæ sine ullis caleftibus aquis, caufaue qua alia, quæ rem miraculo eximeret, in altitudinē infolitā creuerat, quod fatale erat Veijs prodigium. Cōcilia autem Etruriæ, iterum habita, poftulantibusq; Capenatibus, ac Faliscis, ut Veios communi animo consilioq; omnes Etruriæ populi ex obsidione eriperent, refponsum est, antea se id Veientibus negaffe, quia vnde confilium nō petiffent super tanta re, auxilium petere non deberent,

C

De orig. & rebus

D rent, nunc iam pro se fortunam suam illis negare, sanguini tamen, nominiq́;, & præsentibus periculis consanguineorum id dari, vt si qui iuuentutis suæ voluntarij ad id bellū eant, non impediant, vsq́; magnus fuit, qui aduenit iuuenum numerus. Romani Titinius, Genutiusq́; Tribuni militum profecti aduersus Faliscos Capenatesq́;, dum bellum maiore animo gerunt, quàm consilio, præcipitauere se in insidias. Genutius morte honesta temeritatē luës ante signa inter primores cecidit. Titinius in editum tumulum ex multa trepidatione militibus collectis aciē restituit, nec se tamen æquo loco hosti commisit: tantum inde terroris & in castris ad Veios, & in vrbe fuit, vt inde M. Furius Camillus Dictator excidēdis Veijs, & seruandæ patriæ dictus fuerit. Is profectus cū exercitu in agro primum Nepesino cum Faliscis & Capenatibus signa confert, nec prælio tantum fudit hostes, sed castris quoque exuit, ingentiq́; præda est potitus. inde ad Veios ducto exercitu opulentissimam vrbem X. anno, postquam cœpta est obsideri, vi cepit, ab Vrbe condita CCCLVIII. anno. Captis Veijs insequenti anno Tribunis militum duobus Cornelijs Cosso, & Scipioni Faliscum bellum, Valerio,

Faliscorum.

A rio, ac Seruilio Capenas forte euenit, ab ijs non vrbes vi, aut operibus tentatæ, sed ager est vastatus, prædaq; rerum agrestium acta, nulla felix arbor, nihil frugiferum in agro relictū, ea clades Capenatem populum subegit, pax petentibus data. In Faliscos bellum restabat. id cum M. Furio Camillo Tribuno militum esset mandatum, eo accedens Camillus, cùm primo mœnibus se Falisci tenerent, tutissimum id rati, populatione agrorum, atque incendijs villarum coegit eos egredi Vrbe; Sed timor longius progredi prohibuit, mille fere passuum ab oppido castra locant, nulla re alia fidentes ea satis tuta esse, quàm difficultate aditus, asperis cōfragosisq; circà, & partim arctis, partim arduis vijs. Ceterum Camillus captiuum indicē ex agris secutus ducē, castris multa nocte motis, prima luce aliquanto superioribus se ostendit. trifariā Romani muniebant, Alius exercitus prælio intentus stabat. Ibi impedire opus hostes conatos fundit, fugatq;, tantumq; inde pauoris Faliscis iniectum est, vt effusa fuga castra sua, quæ propiora erant, prælati vrbem peterent, multi cæsi, vulneratiq; priusquam pauentes portis inciderēt, castra capta, præda ad quæstores redacta cum magna militum ira.

C 2   Sed

D Sed seueritate imperij victi, eandem virtutem
& oderant, & mirabantur. Obsidio inde vrbis, & munitiones, & interdum per occasionem
impetus oppidanorum in Romanas stationes
praeliaq́; parua fieri, & teri tempus neutro in-
clinata spe, cum frumentum, copiaq́; alia ex
ante connecto, largius obsessis, quàm obsidentibus suppeteret. Videbaturq́; aeque diuturnus
futurus labor, ac Veijs fuisset, ni fortuna Im-
E peratori Romano, simul & cognita rebus bellicis virtutis specimen maturam victoriam de-
disset. Mos erat Faliscis eodem magistro libe-
rorum & comite vti: simuláq́; plures pueri, quod
hodie quoque (inquit Liuius) in Graecia manet,
vnius curae demandabantur. Principum liberos, sicut fere sit, qui scientia videbatur praecel-
lere, erudiebat, is cum in pace instituisset pueros ante vrbem lusus exercendiq́; causa produ-
F cere, nihil eo more per belli tempus intermisso,
dum modo breuioribus, modo longioribus spa-
tijs trahendo eos a porta lusu, sermonibusq́; va-
rijs longius solito, vbi res dedit, progressus, in
stationes eos hostium, castraq́; inde Romana in
praetorium ad Camillum perduxit, ibi scelesto
facinori, scelestiorem sermonẽ addit. Falerios
se in manus Romanis tradidisse, quando eos
pueros,

Falifcorum.

A pueros, quorum parentes capita ibi rerum sint, in poteſtatē dediderit. Quæ vbi Camillus audiuit, non ad ſimilem (inquit) tui, nec populū, nec Imperatorem ſceleſtus ipſe cū ſceleſto munere veniſti. nobis cum Faliſcis, qua pacto ſit humana ſocietas nō eſt, quam ingenerauit natura vtriſque, eſt, eritq́; ſunt & belli ſicut pacis iura, iuſtéq́; ea nō minus quàm fortiter didicimus gerere, arma habemus non aduerſus eam ætatem, cui etiã captis vrbibus parcitur, ſed aduerſus armatos, & ipſos, qui nec laſi, nec laceſſiti a nobis caſtra Romana ad Veios oppugnauerunt. eos tu, quantum in te fuit, nouo ſcelere viciſti; ego Romanis artibus, virtute, opere, armis, ſicut Veios vineam. Denudatū deinde eum manibus poſt tergū illigatis reducendum Falerios pueris tradidit, virgaſq́; eũ, quibus prodit rem agerent in vrbem verberãtes, dedit. Ad quod ſpectaculum concurſu populi primum facto, deinde a magiſtratibus de re noua vocato Senatu, tanta mutatio animi eſt iniecta, vt qui modo efferati odio, iraq́; Veientium exitium penè, quàm Capenatium pacem mallent, apud eos pacem vniuerſa poſceret ciuitas. Fides Romana, Iuſtitia Imperatoris in foro, & curia celebrant, conſenſuq́; omnium

legati

De orig. & rebus

D legati ad Camillum in castra, atque inde permissu Camilli Romam ad Senatum, qui dederent Falerios, proficiscuntur. Introducti ad Senatum ita loquuti traduntur: Patres conscripti victoria, cui nec Deus, nec homo quisquam inuideat, victi à vobis, & Imperatore vestro, dedimus nos vobis, rati, quo nihil victori pulchrius est, melius nos sub imperio vestro, quàm legibus nostris victuros: euentu huius belli duo E salutaria exempla prodita humano generi sunt, vos fidem in bello, quam præsentem victoriam maluistis, nos fide prouocati victoriam vltro detulimus, sub ditione vestra sumus. Mittite qui arma, qui obsides, qui vrbem patētibus portis accipiant, nec fidei vos nostræ, nec nos imperij vestri pænitebit. Camillo & ab hostibus, & à ciuibus gratia acta. Faliscis in stipendiū militum eius anni, vt Pop. Rom. tributo vaca-
F ret, pecunia imperata, pace data, exercitus Romam reductus. de hac historia cum Liuio fere conueniunt Val. Maximus, L. Florus, Iulius Frontinus lib. 4. Stratagematicon, Plutarchus, & recentiores pleriq; auctores. leguntur ea de re Alphij Auiti poetæ versiculi. Tum literator creditus Ludo Phaliscum liberos comotus in campi patens. extraq́; muros ducere

Spa-

Falifcorum.

A Spatiando paulatim trahit Hostilis ad valli
latus. Fuit autem is annus ab Vrbe condita
CCCLX. ab exactis Regib. CXVI. ante Iesu
Christi Seruatoris nostri aduentū t. rcētesimus
nonagesimus primus, & ab eo, quo primū Falisci aduersus Romanos pro Fidenatibus pugnauerunt, quadragesimus secundus. Postquā
Romanis Falisci (sicut est dictū) se dideras,
aliquoties rebellarūt, sed semper aduersis præ
lijs victi sunt. Interiectis enim paucis annis interim Galli ex Clusio ad vrbem infesto exercitu profecti, fusis ad Alliam fluuium Romanis
ceperant, incenderantq́ vrbem, ingenti facta
occisione, deinde F. Camillus Dictator absens
creatus inter pendendum aurum cum exercitu
superueniens Gallos post sextum mensem vrbe
expulerat, cecideratq́, cū Etruria prope omnis armata Sutrium vrbem socium Populi Romani per pactionem a fessis ciuibus traditam
occupauit. Interueniens autem Camillus iterum Dictator, eodem die recepit oppidum, &
trucidatis passim Etruscis oppidum ante noctē
inuiolatum Sutrinis reddidit. Roma autē post
tantam à Gallis factam ciuium cædem, in ciuitatem accepti, qui Veientum, Capenatiūq́;
ac Faliscorum per ea bella transfugerāt ad Romanos,

De orig. & rebus

manos, agerq́; ijs nouis ciuibus aſſignatus. Quarto deinde anno Camillus & P. Valerius Tribuni militū Sutrinis, & Nepeſinis Romanorum ſocijs aduerſus Etruſcos auxilio miſſi, oppida iam ab hoſtibus capta vi recuperarunt, & ſocijs reſtituerūt. Poſt annos autem circiter XXV. cū Tarquinieſſes, quę ciuitas erat Etruria maritima, gentis Tarquinia, Regum olim Romanorum Patria, cuius adhuc in agro Cornetano extant veſtigia, fines Romanos populabundi peragrauiſſent, hinc aduerſus eos nata belli occaſione C. Fabius Ambuſtus Cōſul aduerſus eos miſſus incaute, atque inconſulte pugnauit, inſigni accepta clade. Quo in bello, quia cum Tarquinienſibus militauerat iuuētus Faliſcorum: anno ſequenti ad prius deſtinata bella Romanis, Faliſci quoq́ hoſtes exorti duplici cauſa, quod cum Tarquinienſibus (vt eſt dictum) militauiſſent, & eos qui Falerios profugerāt ex Romanis, cum male pugnatum eſt, repetentibus Fœcialibus Romanis non reddiderant. Quamobrem ſecūdo deinde anno Fabium iterum Cōſulem aduerſus eos miſſum, Faliſci, Tarquinienſeſq́ prima pugna ſuderūt, quod ſacerdotes eorū facibus ardētibus, anguibuſq́ prælatis, inceſſu furiali militē Romanum

Faliscorum.

A manû insolita turbauerant specie. Sed postea metus vanitate agnita, Romani milites in hostes irruentes, auerterunt illorum aciem, castrisq́; etiam eo die potiti, præda ingenti parta, victores reuerterunt. Concitatur deinde omne nomen Etruscum, & Tarquiniensibus, Faliscisq́; ducibus, ad Salinas perueniunt aduersus quorū terrorem Dictator Caius Martius Rutilius, primus de plebe dictus, multos populatores agrorum vagos, palantesq́; oppressit, Castra quoque nec opinato aggressus cepit, & octo millibus hostium captis ceteris aut cæsis, aut agro Romano fugatis triumphauit. Insequentibus autē annis aduersus Tarquinienses acerbe sauitum, multis eorum in acie cæsis, & captis, & Caritibus, qui cum illis conspirauerāt, ob vetus Caretis populi in Romanos meritum pax data, inducijs cum eis in centum annos factis. In Faliscos eodē noxios ausu vis belli cōuersa est, sed quia nusquam inuenti hostes, cū populatione peragrati fines essent, ab oppugnatione vrbium temperatum. Duobus deinde interiectis annis T. Quintius & C. Sulpitius Coss. ad bellum ambo profecti, Faliscū [...]tius, Sulpitius Tarquinense [...] congresso hoste, cum agris magis [...] hominibus,

De orig. & rebus

D. minibus, vrendo, populandoq; gesserunt bella, cuius lenta tabis senio victa vtriusq; pertinacia populi est, vt primum à Consulibus, deinde permissu eorum, ab Senatu inducias peterent, quas in annos quadraginta impetrauerūt. Annis deinde interiectis octo, Marco Val. Coruino III. & A. Cor. Cosso Coss. qui fuit annus ab vrbe condita (vt puto) CCCX. cum feliciter ad Suessulā cum Samnitibus Romani pugnas sent, eius certaminis fortuna perterriti Falisci, cum in inducijs essent, foedus ab Senatu petierunt. Permanserant autem in foedere multis annis, donec L. Papirio Cursore, Sp. Caruilio Maxi. Coss. anno conditae vrbis CCCCLX. (Cum interim Romani trans Cyminium in Etruria multis peractis bellis alios populos deuicissent, alios in amicitiam accepissent, cum nonnullis inducias haberent) ijs in Samnitico bello occupatis, & tandem victoria parta, per idem forte tempus rebellasse Etruscos allatum est. legationes sociorū quaerebantur vri & vastari agros à finitimis Etruscis, quod deficere à Populo Rom. nollent, obtestabanturq; P. C. vt se à vi atque iniuria communi hostium tutarentur. Responsum legatis, curae Senatui futurum, ne socios fidei suae paeniteret. Etruscorum

Faliscorum

A rum propediem eadem fortunam quam Samnitum fore. Segnius tamen quod ad Etruriam attinebat acta res esset, ni Faliscos quoque, qui per multos annos in amicitia fuerant, allaturus foret arma Etruscis iunxisse, huius propinquitas populi acuit curam patribus, vt Foeciales mittendos ad res repetendas censerent, quibus non redditis, ex auctoritate patrū iussu populi bellum Faliscis indictum est, iussiq́; Coss. sortiri uter ex Samnio in Etruriam cum exercitu transiret: euenit ea sors Caruilio, qui post captum prius vi Troilium oppidū, & alia quinq́; castella locis sita munitis expugnata, Faliscis pacē petentibus annuas inducias dedit, pactus centum millia grauis æris, & stipendium eius anni militibus. Demum post annos quinquaginta statim post primum bellum punicum, vt narrat Polybius lib. 1. illato eis bello per Q. Luctatium, & A. Manlium Coss. illoq́; intra sex dies transacto, Falisci se Q. Luctatio dedere coacti sunt, cæsis Faliscorum (vt superius dictū est) quindecim millibus, ceteris pace data, agriq́; dimidia parte multa nomine adempta. Sauire nihilominus in illos parabat Romanus populus, vt meritas darent poenas rebellionis. Sed postquam (vt refert Valerius) à Papyrio,

cuius

D cuius manu iubente Consule verba deditionis
scripta erant, doctus est Faliscos non potestati,
sed fidei se Romanorum commisisse, omnem irā
placida mente deposuit; paritersq́; & viribus
odij, non sane facile vinci assuetis, & victoriæ
obsequio, quæ promptissime licentiam submi-
nistrat, ne institiæ suæ deesset obstitit. In eam
agri partē, quam diximus fuisse Faliscis adē-
ptam, deducta est deinde à Romanis Colonia,
E qua, vt sunt auctores Cato apud Plinium, &
Iulius Frontinus, Iunonia cognominata est, &
Falisca. verba Frontini ex fragmentis libri
inscripti de Colonijs hæc sunt. Colonia Iunonia, quæ appellatur Falisca, à tribus viris assignata est, in qua limites intercisiui sunt direc-
ti, in locis quibusdā riui finales, & caua quæ
ex pactione assignata sunt; termini autē sunt
Silicinei, & distāt à se in pedes ccclx. ccccxx.
F ccccxxx. & Dc. ceteri normales riuorum
cursus seruant, & subdit. Colonia Nepesis ea
lege seruatur, qua & ager Faliscorum, & reliqua. Inclinato deinde Romano Imperio post
calamitates illas, quas vniuersa Italia per su-
peruenientes velut vndas Barbarorum natio-
nes perpessa fuit, hæc regio Faliscorū tota cessit in ditionem Ecclesiæ Romanæ; seu (quod
magis

, Faliscorum.

A *magis vero consonat*) longa possessione, qua a Ludouico primo Imperatore cõfirmata est, anno à Christo nato DCCCXVII. vt probant ipsius Ludouici litera posita in decretis Gratiani. 64. dist. 100. ego Ludouicus, quarum est apud me integrum exemplum vetustis Longobardorum literis exaratum; in quo inter Tuscia loca connumerantur Portus Centumcelle, Cara, Manturanum, Blera, Sutrium, Nepa,
B Castellum, Gallesium, Orta, Polymartium, Ameria, Tuder, & Perusium, cum tribus insulis. Quam confirmationem per eadem verba fecit, deinde etiam Henricus II. Imperator Benedicto Põtifici eius nominis nono. Nam id, quod libro historiæ suæ decimo affirmat Blondus prouenisse hoc ex Liutprandi Longobardorum Regis, Zacharia tunc Rom. Pontifici, et diuo Petro facta largitione, aliter se habet:
C is enim non totam regionem, sed loca certa, atque ea non cõcessit, sed prius ablata reddidit; ideoq́, Bibliothecarius, cui, vt antiquiori est magis credendum, in vita Zacharia ita scriptum reliquit: Liutprandus Rex reddidit eidem Papæ Sabinense patrimonium per annos triginta occupatum: Narniensem quoque ciuitatem, & Auximanam, & Humanatem, &

D & vallem, quæ vocatur magna in territorio
Sutrino, per donationis titulum ipsi, & beato
Petro Apostolorum Principi reddidit, & pacē
cum Ducatu Romano, in decem annos confirmauit. Atque vt hoc quoque obiter declare-
mus, Ducatus Romanus tunc appellabatur ea
regio, cui cum ipsa Vrbe Roma præfectus erat
vnus ab Imperatore Constantinopolitano missus, & ei, ex vna parte vltra Ameriam, &
E Narniam, Spoletinus Ducatus, ex altera cō-
fines erant alij Longobardi, qui Tuscia vsque
ad Viterbium dominabantur: inter ipsos Lon-
gobardos, & Romanos bellum erat assiduum.
Cum autem post Narniam, Gallesium quoque
cum castello idest arce sua fuisset à Spoletino
duce occupatum: de eius recuperatione in vita
Gregorij tertij Bibliothecarius ita scribit. Huius temporibus Galliensium castrum recupera-
F tum est: pro quo quotidie expugnabatur Ducatus Romanus à Ducatu Spoletino, datis pe-
cunijs non paucis Transemundo Duci eorū, vt
cessarent bella, & quæstiones, & sic causa fini-
ta est. Quam rem fusius explicando Blondus
loco proximo citato ait. Transemundus Spoletanus Longobardorum Dux, Regi suo Liut-
prando, cum quo paulo ante in gratiam redie-
rat,

Faliscorum.

Arat, rebellauit, in quem Rex potentissimum duxit exercitum: & Spoletio, illiusq́; Ducatus oppidis breui receptis Ducem quoque ipsum capere est adnixus; ille vero cum oppidum Galliensium Romanis, quorū fuerat, pecunia accepta paulo ante reddidisset, fide publica a Stephano Patritio & Duce Romano habita in vrbem confugit; postulauitq́; illico Rex perfugam Ducem reddi, Sed Pont. Gregorius, Stephanusq́; Dux datam Transemundo salutis fidem censuerunt ciuium incommodo præponendā: tunc iratus Rex postq́; vrbem aliquot obsedisset dies, ad Ducatus Romani ciuitates & oppida se conuertit. & Ameria, Orta, Polimartio, Bleraq́; captis, Spoletium redijt. Quam rem Baptista quoque Fulgosius per eadē fere verba recitat, vbi de publica fide tractat lib. 6. cap. 6. Præter iam dicta Faliscorū oppida, erat illud quod Strabo Faliscum, Stephanus, Plinius, & Solinus Paliscā appellant, conditum (vt idem ait Solinus) ab ipso Haleso gentis principe, cum Faleriam (eodem auctore) Falerius Arginus condiderit. Id oppidum vbi situm esset, ex ijs, quos adhuc legerim, nemo, qui sciam, scriptum reliquit, attamen certa mihi est coniectura, fuisse in ijs agri nostri

Gal-

D Gallesini collibus, qui appellantur vulgo Pomarij, qua Tyberim spectant, vt non ab re seruatum sit nomen Pomarijs, quamuis nulla ibi sint, neque etiam patrum memoria fuerint, præter quercus, pomiferæ arbores. Iunctis autem Strabonis, & Ouidij testimonijs confirmatur hoc quod dico. ait enim Strabo Faliscum esse in via Flaminia inter Ocriculum, & Romam. Ouidius autem in Elegia superius citata, E quemadmodum profectus ab vrbe ad vxoris suæ patriam, quæ in Faliscis erat, e via digressus perrexisset Faleriam, ibiq́; aliquandiu celebritatem festi Iunonis videndi causa moratus esset, describens ait. Cum mihi pomiferis coniux foret orta Faliscis, Mœnia contigimus victa Camille tibi. Grande moræ precium ritus cognoscere, quamuis Difficilis cliuis huic via præbet iter, & reliqua. At vero nulF lus alius est locus in via Flaminia inter Ocriculum & Romam ab ipsa Roma venienti citra Faleriam situs, nec cui magis appositum illud. Pomiferis, conueniens sit, quàm ijs collibus, quos modo dixi Pomarios appellari, nec desunt antiquissima ruinarum vestigia eo in loco sæpius ab aratoribus effossa. poterat ex hoc situ id oppidum distare a loco vbi nunc est Gallesiū, circi-

Faliscorum.

A circiter mille & tercentum paſſus. Quo autem tempore deſierit habitari mihi eſt omnino incognitũ. Sed illud veriſimile eſt inclinato Romano imperio ſuperuenientibus barbaris, illius habitatores eo relicto vicinum hunc, & natura ſine mœnibus aduerſus eas barbarorũ inũdationes munitiſſimum, locum nactos Galleſiũ condidiſſe. Quæ vero fuerit nominis ratio non difficilis eſt coniectura, quæ ſatis ex ijs, quæ recitani, antiquis monumentis probari poteſt, cũ appareat nomen nõ duplici, vt nũc ſcribimus, ſed vna tantum litera L tertio loco ſcribi ſolitum eſſe vt Galeſina ciuitas, & Galeſium oppidum, referat ſcilicet Haleſi Faliſcæ gentis auctoris & ipſius Faliſcæ ciuitatis conditoris nomen. G autem litera videtur locum aſpirationis occupaſſe, aut ex vſu vulgi, quod in ſimilibus euenire ſolet, addita eſſe. Illud autẽ quod ab aliquibus aſſeritur, commiſtum eſſe nomen ex reliquijs Gallorum, qui a Furio Camillo profligati tãquam apud hoſtes Romanorũ (iuxta Virgilianũ illud, Hinc Agamemnonius Troiani nominis hoſtis Curru iungit Haleſus equos) huc ſe receperint, cum certum ſit illos huc diuertiſſe, admitti poſſet, niſi repugnarent Lucius Florus, & Eutropius, qui ſcribunt

D omnes

De orig. & rebus

D omnes reliquias eorum ad lacũ Vadimonis per Dolobellam deletas esse, ne quis extaret in ea gente, qui incensam a se Romanã Vrbem gloriaretur. Gallesium situm est inter Tyberim fluuium, Ortam ciuitatem, & ipsas Faleriæ ruinas, distat autem à Sabina regione, intermedio Tyberi vix duobus miliaribus, à via Flaminia, quæ per agrum Gallesium ad oriẽtem prope Tyberim iacet, vbi vicinior est pas-
E sibus mille quingentis: e regione via Flaminiã ad occidentem recta linea mons est Cyminius, & iuxta illum Surianum oppidum ad milliaria septem, Septentrionem versus distat Orta ciuitas, quinque millibus passuum, & totidem ad Meridiem ipsa Faleria. Ædificatũ est ipsum, queadmodũm & alia fere omnia huius regionis oppida, super topho rupibus altissimis vndiq́; exciso, cuius figura in oblongũ tendens
F orbem persimilis est oblongo pyri pomo, ita vt pars ima, qua latior est, orientem respiciat. Aer est loci saluber, bonáq; temperies cœli, iucũda agri forma, cœlũ hyeme, nõ vltra modũ graue, iucunda etiã æstatis clemẽtia, frequentius aer spiritu vitalis auras, quàm vẽtos habet. hic indigenæ senes diu quamplurimi viuunt. plures vidimus, qui centum annos ætate
proue-

Faliscorum.

A prouecti transgrederentur, inter quos fuit Angelus Massa auus meus, vir qui ea ætate sinceris adhuc sensibus & tenaci memoria res tā publice quam priuatim gestas ab initio Pontificatus Martini quinti, quem ex Constantiēsi Concilio ad vrbem venientem viderat, recte, & memoriter enarrabat. Montes & Sabini, & Cyminij procul absunt. Ager totus est fere planus, vt tota regio, præterquam quòd illis riuorum perennium est intersectus alueis profundissimis, ita vt plerisq; in locis alludant Virgilij versus: Hinc atque hinc vastæ rupes, geminiq; minantur in cœlū scopuli. & quà spectat ad ventum Aquilonem, & Ocriculum, non lõge ab oppido sunt ij, quos appellant monticulos, & paulo vlterius ij (quos dixi) Pomarij colles. Rerum prouentu, hisq; rebus omnibus, quæ ad victum, humanum vsum spectant satis vber. vbi terra minus lata minus est sementi apta, quippe quæ super topho sita non admodum alta esse potest, vbi propius oppidum sunt oleæ feracissimæ, quas bonitate fructus nec Tyburtinis, nec venafranis cedere autumo. Longius sunt querceta densissima. Præterlabuntur visu etiā iucundissimi riui perennes, atque ex ijs piscibus referti complures, quorum duo hinc atq; illinc

D 2   decur-

De orig. & rebus

decurrentes paulo sub ipsum oppidum in vnum confluunt. Scatent vbiq; fontes, inter quos duo sunt animaduersione digni, alter qui viri Falisca gentis conditoris nomen retinens, adhuc dicitur Halesanus, manans ex antiquo manu cauato cuniculo: Alter vero, quem memoria proditum est ex topho per diuum Famianum huc venientē viatorio baculo, cum sitiret, percusso, scaturisse, emanasseq;. Locus est porro ita natura munitus, atque aditu instructis aciebus difficilis, vt non sit nostra neque ætatum memoria auditum in oppidum hoc hostes irrupisse, quinimo nec tētasse, Nicolai Fortebrachij conatu excepto, qua de re literæ sunt in regestis breuium Eugenij datæ xiiij. Augusti M c c c c xxxiiij. quibus Pontifex ille gratias agit Sutrinis, & Gallesinis, quoniam ex literis Micheletti Attenduli sui exercitus Ducis intellexerat eos Fortebrachio suo rebelli præ ceteris vicinis restitisse, illumq; virili animo reiecisse. Nam Ladislaus Rex, qui regionem hanc totã in ditionem suã redegit, ac Baucham & Castellum agri nostri oppidula inter alia diruit, Gallesium non modo non lacessiuit, sed etiam benigne in tutelam suscepit; habentur in scrinijs publicis eius literæ super hac re datæ in castris

Faliscorum.

Astris prope Narniam die x. Iulij Mccccxiiij. Cũ vero Brittones, qui a Romano populo apud Marinum Latij oppidum Vrbano VI. sedente suſs, à ſuis, qui in arce Suriani praſidio remãſerant recepti, ibi vſq̃ ad Martini quinti Põtificatum viuentes, ſæpius erumpentes regionẽ omnem vexauerunt, vaſtaueruntq̃, adeo ut ex vicinis complura, interq̃ illa Balneolum, Allianum, Peſchium, & Turricula noſtri agri Caſtella, deſerta penitus ab incolis ac deſtituta remanſerint, Galleſium tamen non ſolum non vexatum, verum etiam confluentibus deſertorum locorum profugis adauctum ſuit. Noſtra quoque memoria, quod in primis cognitu dignum eſt, dum decimo ſexto ab hinc anno, qui fuit humanæ redemptionis MDXXVII. capta, direptaq̃ vrbe primùm Roma, deinde Narnia, Colluuies illa perditorum latronum nullo diuino humanoue iure coercita circumquaque populabunda debaccharetur, Galleſiũ Dei benignitate maloru̅ omnium fuit expers, Et (ſicut cecinit quidam Poeta) multos lacera ſuſcepit ab vrbe fugatos, Queis fuit hic poſito certa timore ſalus. Sunt in agro præterea Loiani, & Caceani oppidoru̅ veſtigia, quæ quãdo exerſa fuerint ſcire mihi adhuc datum nõ eſt.

D 2 Fuiſſe

De orig. & rebus

D Fuisse olim Gallesium pro ritu Romanæ Ecclesiæ sede ornatum Episcopali alias alijs argumentis affirmare consueui, ut ex diui Famiani historia in antiquo maioris ædis libro (quem dicunt Horarium) descripta, & multis (quæ sunt apud me) antiquis contractuum libellis, ac instrumentis, quæ Gallesium habent ciuitatem, & ex Episcopo adhuc extante, sed tandem aliquando id certo comperi visis primum subscri-
E ptionibus Concilij Romæ Martino primo eius nominis Pontifice anno à Natali Iesu Christi DCCCLXIII. habiti, cui subscribit inter alios Dominicus Gallesij Episcopus, deinde in Vaticana bibliotheca inter Alexandri IIII. regesta inuentis literis datis Viterbij xiiij. Kal. Febr. Pontificatus eius anno primo, per quas idem Pont. Ecclesiam Gallesinã, cuius reditus ob euersionem aliquot castrorum eius diœceseos
F erant valde diminuti, ecclesiæ ciuitatis Castellanæ coniungit. Quemadmodum postea simili de causa per Eugeniũ IIII. ciuitatis Castellanæ, atque Ortanæ ecclesia copulatæ sunt. quamobrem Gallesij titulus quodammodo intermortuus est. habentur Eugenij literæ in regestis bullatarum, data Romæ quarto idus Septembris Mccccxxxvij. Per quem autem ea,
quam

Faliscorum. 28

A quam sic (vt dixi) amisit, Episcopali dignitate Gallesium ornatum fuerit, est mihi adhuc penitus incognitum, atque occultum, verumtamen postquam sic Episcopo caruit à Ioanne XXIII. & Alexandro VI. Pontificibus titulo Comitatus est insignitum. extant illius litere data Kal. Maij anno primo sui Pontificatus, qui fuit, Mccccx. huius vero octauo idus Septembris MDII. Pōtificatus eius anno XI.

B Ipsum oppidum de manu Tyranni ereptū Pontificia Sedi restituit Paulus Papa II. qui insuper communitati Gallesii dono dedit Peschij & Alliani quondam oppidorum agros, & dimidium portorij quod transuectionis Tyberis nomine à viatoribus exigi consueuit, atque alia complura, qua itidē confirmauit Xystus IIII. eius successor, extāt, litere Sixti datę Kal. Feb. Mccccrlxv. & Pauli quinto Kal. Septembris

C Mccccrlxv. De dicta eiectione Tyranni scribit etiam Iacobus Cardinalis Papien. Commentariorum suorum lib. 5. Cum autem intestinis discordijs mirum in modum agitaremur, Iulius Papa II. Nicolaum Rumereum sua sororis filium pro Romana Ecclesia Vicarium nobis perpetuum prafecit, cuius prasidio sedatis discordijs Dei benignitate ad hunc vsque diem

D 4   Iulij

quiete ac tranquille viuimus. extant & ipsius Iulij litera data xij. Kal. Octobris MDxi. Sub ipsum oppidum iuxta fluētem riuū est insignis ædes in diui Famiani honorem extructa. fuit autem is Famianus vir sanctus patria Coloniẽ. genere nobilis, nomine Quuardus, patre Gotthiscalcho, matre Giumera natus. puer primum bonis literis instructus, atque optimis moribus imbutus; deinde adolescens parentum & propinquorum illecebris, ac mundi delicijs repudiatis, omnem vitæ cursum ad Deũ summum bonum direxit, ad Vrbemq́; primum, inde Compostellam, Hierosolymam, & quæcunque sunt apud Christicolas celebriora sanctitate loca peregrinatus accessit. professus interim ad extremos vitæ annos Cistercicẽsium religionem tunc maxime Bernardi, aliquot ante annis vita defuncti, sanctitate florentem, & protracta peregrinatione in annos ferme XLII. Demum iam corpore ingrauescens, quieturus Romam reuersus, Eugenio III. sedente à diuis Petro, & Paulo in somnis monitus vt Gallesinam peteret ciuitatẽ, cum huc diuertisset, & ab Ascaro indigena viro nobili exceptus hospitio, post dies paucos ex prædictione morbo obijsset, innumerabilibus claruit miraculis.

Qua-

Faliscorum.

A Quapropter ab Adriano IIII. Pontifice anno à Natali Domini MCLIIII. mutato ob miraculorum famam nomine, latina nuncupatione Famianus dictus, in Divorum numerum est relatus, & extra oppidum circa ipsius tumulum sacra illi ædes extructa est, quæ postea Munaldi Episcopi largitione, comprobante id Nicolao quarto Pontifice, Deiparæ Virginis, quæ intra oppidum est, ædi connexa, Archi-
B presbyteri, & Canonicorū ipsius interioris ædis cura regitur, ingenti cū munere dicti Iulij Papæ, qui ipsam Famiani ædē octauo mensis Augusti (quo die festum in illius obitus memoriā celebratur) pie visitantibus, delictorum veniā, necnon Archipresbytero, & Canonicis amplissimam quæcumque delicta condonandi facultatem concessit, exemplo Pauli, qui inter alia quæ (vt dixi) nostræ Communitati dono dedit,
C ad diem huic Diuo festū toto triduo mercatū ab omnibus vectigalibus immunē concesserat, quas & Iulius ipse ad octo dies ampliauit. Gratiliani quoque martyris, de quo supra est facta mentio, & quem alibi nusquam nominari ne dum coli audiui, extat apud nos (vtpote ciuis nostri) memoria miraculis clara, & extra oppidum celebre sacellum, & indigenis
viris

De orig. & rebus

D viris nomen in ipsius Diui honorē frequens impositum est. Scio sæpe à nonnullis quæsitum esse, ac quæri, cur apud historicos, præsertim antiquiores, post antiquas illas (de quibus supra dictum est) cum Romanis commissas pugnas, rara sit nō modo Gallesii, sed totius huius Faliscorum regionis, & hominum mentio. Duplicem his ego rationem afferri posse autumo. Regionis situm, exercitibus, & bellicis rebus gerendis male commodum, quin & (quemadmodum ex supradictis liquere potest) periculosum, & Vrbis Romæ vicinitatem, quam non modo in his fere suburbijs, sed in Mediolano considerat Ausonius, vbi inquit: Nec iuncta premit vicinia Romæ, etenim ex finitimis regionibus, & ex hac potissimum, posteaquam in Romanorum potestatem venerunt, quotquot erant, vel in dies crescebant, historijs forsan celebrandi, vel ingenio, vel manibus promptiores, vel opibus affluentiores, in Romanam ciuitatem, & militiam migrabant. Hinc apud Fab. Pictorem, & alios qui de antiquitatibus Vrbis scripserunt, Vicus Tuscus IIII. stadiorū ambitus, de quo Propert.: At tu Roma meis tribuisti mœnia Tuscis: Vnde hodie Tuscus nomina Vicus habet. Hinc Vicus longus, Vicus Arniensis,

Faliscorum. 30

A niensis, *Vicus Stellatinus*, *Lartenianus*, *Faliscus*, cognomina quæ à Tuscis sunt, comigrantibus in ciuitatem Romanam. Quod nobis inuidit in itinerario suo Rutilius Numatianus inquiens: *Felices etiam qui proxima munera primis Sortiti latias obtinuere domus*, & subdens: *Religiosa patet peregrina Curia laudi*, *Nec putat externos quos decet esse suos, Ordinis Imperio, collegarumq́ fruuntur*. Et parte
B Genij, quem venerantur, habent. Hoc etiã sibi volunt Virgilij, Lucani, & Silij exercituũ enumerationes, & alia in hunc sensum innumera pene testimonijs sententia. Sed quid opus tot antiquorum testimonijs? cum & nostra, & patrum memoria, Roma etiam vrbe ab antiquo illa longissimo peneq́ incomparabili interuallo declinata, idem tamen frequenter euenisse audiamus, & videamus? Accedit quod,
C quantum ad nostros attinet, non solum ipsi ad Vrbem, sed & Vrós ad ipsos deuenit. Siquidẽ à ponte Tyberis nostri agri, cuius adhuc apparent fundamenta adeo via Flaminia vtrinq́ continenter, & perpetuo continuatis ædificijs frequens erat diuersorijs, officinis, & illustriũ virorum monimentis, quorum etiam plurima extant vestigia, vt non vicus vnus, neq́ plures

res Villa viderētur esse, sed ipsam Vrbem huc-
vsq; protendi appareret. Quapropter (vt est
apud Blondum) Ammianus Constantij Cæsaris aduentum à Constantinopoli Romam scri-
bens, dicit: Hormisdam genere Persam archi-
tecturæ peritissimum, in Cæsaris comitatu ductum, & omnium colloquio destitutum, primaria quæq; dignioraq; Vrbis ædificia diligenter
inspecta ordine sibi ostendere iussum, ab Ocri-
culo Romam prius ingressum fuisse, quam quo
in loco Vrbs inchoaret discernere, & intellige-
re posset: quod significant etiā Claudiani versus in sextum Honorij consulatum, vbi præte-
rita Narnia, inquit: Inde salutato libatis Ty-
bride lymphis, Excipiunt arcus, operosaq; semita vastis. Molibus, & quicquid tantæ præ-
mittitur vrbi. Quibus conueniunt etiam verba Dionysij lib. 4. ita dicentis: Sed sunt omnia circa vrbem habitata loca, multa ea, &
magna, facillimaq; aduenientibus hostibus fieri obnoxia. siq; aliquis ad hæc spectans, ve-
lit Romæ magnitudinem exquirere, is & errare cogetur, nec habebit signum vllum certū
quo dignoscatur, quousque sit hæc vrbs progres-
sa, aut vnde esse non amplius vrbs incipiat, ita
vrbi contexta est regio, præbetq; spectantibus
opi-

Faliscorum.

A opinionem extensa in infinitum vrbis. itemq́; Aristidis, qui ait: Descendit hæc vrbs vsq; ad mare, vbi commune Emporium, communisq́; omnium quæ terra eueniunt dispensatio; quacunque in parte eius Vrbis constiterit quis, nihil prohibet quominus sit pariter in medio, quicquid nunc Italiæ restat, completura esse mihi videtur, vnaq́; futura vrbs perpetua, in Ionium mare protensa. Constat autem pontē

B proxime dictum, Tyberi impositum esse ab Augusto: quum (auctore Suetonio) quo facilius Vrbs adiretur, desumpta sibi Flaminia via Arimino tenus munienda, reliquas à triumphalibus viris ex manubiali pecunia sternendas curauit. Super adiecerat & in opposita agri nostri rupe in præsidium Pōtis Castellum, quod Ladislai Regis tempore destitutum fuisse diximus. Ex his itaque fit, vt quemadmodū

C de nostratibus antequā Romano imperio subijcerentur, ob antiquitatem & scriptorum inopiam, ita postmodum quia in Romanū nomen transibant, rara admodum mentio facta sit. Atq; hinc puto, vel ex nominibus deceptos auctores aliquot, qui Martinum secundum, & ▓▓▓▓▓ Pōtifices Gallesio re vera oriundos, ▓ Roma, illum è Gallia oriundum tradiderunt.

De orig. & rebus

D derunt. Sicut & Paschalem primum (Blondo teste) Blera natum, itidem Romæ ortum esse dicunt. cum Romanum Gallesio patria natum referat idē Blondus in Italia illustrata: Martinum vero similiter liber alius incerti auctoris de Pontificum Vitis inscriptus, & de vtroq; idē testetur antiquissimus Longobardis literis exaratus codex ex monasterio S. Vincenzij supra Vulturnum ad me delatus. quem probis
E viris pluribus ostendi, & cuicunque videre libuerit sum ostensurus. Quorundam tamen celebrium virorum recens est memoria, ex quibus præcipue referendi sunt Nicolaus Abbas monasterij à victoria comitatus Albensis, quē egregium fuisse Theologum indicant eius commentaria, quæ in Capranicēsi bibliotheca perlegi; & Antonius Angeli facundus orator, cuius sunt apud me orationes, & epistolæ aliquot
E luculentissimæ. De fratre Petro, quem sedente Vrbano sexto virum doctum, & præceptorē xenodochij sancti Spiritus in Saxia fuisse constat, comperti nihil aliud habeo. Fuit etiam (licet infelici exitu) vir bello strenuus Iacobus, demum ob res nouas iubēte Eugenio IIII. Romæ capite mulctatus. Georgius itē Sardinus apud Venetos militum præfectus c̄▪
simus.

Faliscorum.

Asimus, qui ob ingentia merita non solum ciuitate, sed patritia etiã dignitate donatus fuit. Hinc Sabellicus, qui solus ex recẽtioribus scriptoribus Faliscorum situm, vt pote illis vicinus recte intellexit, in clade Sontiaca de Georgio ipso loquens ait: Nec non Gallesia tellus quem genuit, tellus campis vicina Faliscis, Consilij hunc olim magni fecere Tyranni Participem, & reliqua. de quo meminit etiam idem Sabell. lib. 6. de antiquitate Aquileia. Alij plures armis, literis, moribus, & ceteris bonis artibus florentes, vel vinunt, vel nostra memoria in viuis fuerunt. Sed quia pene stulta, vel ambitiosior videri posset obuersantium oculis enarratio, illos posteris celebrandos relinquã.

FINIS.

IVLII

IVLII ROSCII HORTINI
In Fontem Gallesij.

A S. FAMIANO
miraculo excitatum.

Quas sitiens muscoso hauris sub fornice, duxit
 Marmoris è venis hac Famianus aquas.
Sic olim Hebræus populus miracula Mosis
 Obstupuit, fontem cum dedit icta silex.
Ergo nouo merito iactent se Mose Falisci
 Quos alit Hortinus, quosq. Amerinus ager.

IN ÆDE S. MARIÆ VRBANÆ
Hortinæ Ciuitatis.

. . . .
. . . .
. . . . OR
DO . ET . POPVLVS . COLONI
AE . FALISCORVM . CV
RANTE . TYRIO . SEPTIMI
O . AZIZO . V.P.C.V.R.R.P. DEVO
TI . NVMINI . MAIESTATI
QVE . EIVS

INDEX

A Emilius Mamercus dictator. 15. d
Agylla Caretanorum vrbs. 5. b
Albani lacus incrementum. 7. c. Fatale Veijs prodigium. 17. b. c
Albericus Etruriæ Marchio. 6. d. Vngaros in Italiam vocauit. 6. d. e
Allianum Gallesini agri oppidulum. 27. a. eius agri Gallesio donati. 28. b. A quo. 28. b
Alphij auiti poetæ versiculi. 19. f
Alsiū nunc arx S. Seuera. 4. c. a quo condita. 4. c
Ameria a Ludouico Imp. Ecclesiæ data. 23. a. b eius situs. 4. c
Anianus poeta ex Faliscis oriundus. 10. b. Fescēninos versus scripsit. 10. b. Probi grāmatici discipulus. 10. b. A. Gellij amicus. 10. b. Hadriani Imp. tēpore. 10. b. eius cōmendatio. 10. b. c
Antonius Angeli facundus orator Gallesio oriundus. 31. c
Apollini sacra ad montem Soracte. 7. b. c
Argiui Faliscorum auctores. 13. b
Arinianum vsque via Flaminia. 31. b
Arinianum oppidum. 3. b
Aristidis sententia de vrbe Roma. 31. a
Arniensis vicus Romæ. 29. f. 30. a
Arx S. Seuera olim Alsium. 4. c
Arsenius Episcopus Ortanus. 11. c

E   Asellus

INDEX

Asellus Episcopus Populensis.   11.0
Atellani à Chalcidensibus orti.   13.c
Augustus pontem Tyberi ad Gallesium imposuit vereor ne nisi alius sit ad Ortanum dicere debuisset vbi adhuc extant insignia vestigia. 31.a.b. castellum addidit. 31.b. Flaminiam viam muniyt.31.b. Fescenninos versus cōscripsit. 10. a. De eo Pollionis dictum.   10.a
Auximum Rom. Pontifici restitutum.   23.c

B

Bassanellum in Faliscis.   4.f
Bassanum in Faliscis.   4.f
Baucha Gallesii oppidulum vt auctor in suã sententiam ac ditionem trahit, ego Hortinæ ciuitatis, cuius etiam nomen in finibus eiusdem agri viget.   26.f
Blera a Ludouico Imp. Ecclesiæ data.   24.b
Blondi error. 11. e. Opinio reiecta.   23.f. 24.b
Boues Faliscorum albi.   15.b
Boethij carmen.   10.f
Brittones à Rom.fusi. 27. a. in arce Suriani aliquandiu permansere.   27.a
Burgum S. Bernardi in Faliscis.   4.f

C

Caceani oppidi vestigia.   27.c
Gacilij locus de lacu Vadimonis qui in Hortano

INDEX

Hortano esse concludit cui ab altera Tyberis ripa opponuntur latifundia Rosciorum. 12.c.d
Cara Ecclesia data. 23.a
Chalcidenses Faliscorum, Nolanorum, Atellanorum auctores. 13.c
Camillus aduersus Faliscos. 17.f. 18.a.b.c. *dictator dictus.* 17.e. *Veios capit.* 17.e. *Veiētes fugat.* 18.d *eius virtus.* 18.e. *prudens responsum pedagogo.* 18.f.19.a
Canistrifera puella ad Iunonis sacra. 14.c
Cannapi abundabant Falisci. 15.a
Canapina olim Capena. 3.a
Capena ciuitas vbi. 3.a. *nunc canapina.* 3.a
Capenates vnde dicti. 3.a. *quam regionem incolerent.* 3.a. *a Rom. subacti.* 3.f. *pacem ab eis accipiunt.* 18.a. *cum Faliscis cōtra Romanos.* 17.a. *Rom. clade afficiunt.* 17.a. *a Romanis victi.* 17.a. *eorum ager vastatur.* 18.a. *à Camillo fusi.* 18.b. *contra eos Valerius & Seruilius.* 17.f. 18.a
Castellum à Ludouico Imp. Ecclesiæ datū. 23.a
Castellum Gallesii oppidulum. 26.f
Castellana ciuitas in Faliscis est. 4.f. *olim Fescennium.* 8.c. *Falso creditur Veientium ciuitas.* 8.c.d.e.f. *Forsan ex Falaris ruinis.* 8.d *eius antiquior memoria apud Platinam* 9.a.b

INDEX

eius ecclesia Ortana coniuncta ab Euge. IV. 27. f
Centumcella Ecclesię datę. 23. a
Ceretani olim Agylla. 5. b
Cerites cum Tarquiniensibus conspirans. 21. b
   pacem accipiunt. 21. b
Claudianus de vrbe Roma. 30. e
Clypei Argolici vsus apud Faliscos. 14. f
Colonia Iunonia. 22. e
Colonia Nepete. 3. c
Colonia Fidena. 15. f
Comitatus Gallesii. 28. a
Concilium totius Etruriæ. 16. a
Corchianus vicus in Faliscis vnde dictus. 11. d
A. Cornelius Cossus Tribunus aduersus Fali-
   scos. 15. e. Lartem Tolumnium interficit. 15. e
Cornelius Scipio Tribunus. 17. f
Cremera fluuius. 3. a
Cyminius mons. 26. a. populi Cisyminium. 1. d
   Cisyminia regio. 3. f

D

Dionysii locus. 13. e. 14. b. e. 30. e
Ducatus Romanus qui nam esset. 24. a. b
   eius cum Ducatu Spoletino dissensiones. 23. f

E

Errores de Faliscis. 12. b. e. f. Veientibus. 8. c
Versibus Fescenninis. 9. d. e. Festi Pompeij.
9. d. e.

INDEX

9.d.e. Blondi. 11.e. Volaterrani. 11.e
Etruriæ diuisio. 1.a. Etruria Ciscyminia & trascyminia. 1.a. Etruriæ concilium. 16.a. respōsum Capenatibus & Faliscis. 17.c. conuentus ad Fanum Volturnæ. 6.c. 16.a. plurima iuuentus contra Rom. 17.d. Inter Etruriæ principes ciuitates Faleria. 6.b. Etruriæ Marchio Albericus. 6.d. Dea Horchia. 11.d. Etrusci rebellant à Rom. 21.f. Socios Pop. Rom. vaſtāt. 21.f. cum Faliscis coniurant. 22.a. Veientibus auxilia negant. 16.d. à Camillo cæsi. 20.e
Episcopus Hortanus antiquissimus: nam ante an. 500. legitur. 11.e
Eugenij Pont. littera in commendationem Gallesii. 27.f
Eutropij locus. 5.a

F

C. Fabius Ambustus cos. 20.e. aduersus Tarquinienses. 20.e. ab eis fugatus. 20.f
Fabrica oppidum in Faliscis. 4.f
Faleria princeps ciuitas Faliscorum. 5.e. ab Argiuo Falerio condita. 5.e.f. in quo differat à Faliscis. 5.c. Nunc Falaris dicta. 5.f. ex principibus Etruriæ ciuitatibus. 6.b. Episcopali dignitate ornata. 6.b. a Rom. direpta. 6.b. vbi sita. 25.e. An in Tuscia regione. 2.e. quo tempore

INDEX

pore desierit habitari. 5. c. quando euersa. 6. c. d̄
Falisci Ciscyminiæ Etruriæ populi. 2. d. e. f. eorū
& Faleriorum differentia. 5. c. Non sunt qui
hodie Flasconenses. 2. b. Proximi Veientibus.
3. a. b. legibus & moribus bene instituti. 14. e.
eorum respub. popularis. 13. a. à rege abhorre-
bant. 13. a. cur aqui dicti. 14. d. dedere Rom.
iura Fœcialia. 14. d. & supplementa 12. tabularum. 14. e. à Rom. rebellarunt cum Tarquiniensibus. 21. c. cum Etruscis. 22. a. à Camillo fusi. 18. c. cladē accipiūt. 18. c. obsidenī.
18. d. Legatos ad Camillū mittūt. 19. d. à Ro.
victi. 17. a. cūctatione debellati. 22. c. vastati.
15. e. triūphati. 22. d. Rom. clade afficiūt. 17. a
Fabiū Cos. fugāt. 20. f. pacē à Caruilio petūt.
22. b. Q. Luctatio se dedunt. 22. c. xv. eorū
millia vno prælio cæsa. 22. c. bellum eis per Fe-
ciales indictum. 22. a. pecunia imperatur. 19. f
pax datur. 19. f. agri parte mulctantur. 17. f
Faliscorum origo. 13. b. auctor. 3. b. descriptio.
15. a. b. situs secundum aliquos. 2. b. situs ve-
rus. 2. b. c. à Sabellio recte intellectus. 3. 2. a. fines, quo tēpore cū Rom. bella gerebant. 4. c. d. e.
fines hoc tēpore. 4. f. fines cū Veientibus. 12. f.
eorum regio quam late pateat. 4. d. e. à quibus ante habitata. 5. a. b. eorum Dij Vadimon.

INDEX

mon. 13.f. Iuno. 14.e. Apollo. 14.e. Feronia.
14.c. eorũ Princeps ciuitas. 6.b. confinia. 3.b
respub. 13.a. menses. 14.e. leges. 14.d. mores.
14.e. mos in liberis educãdis. 18.e. liberi Camillo à pędag. traditi. 18.f. eorũ ritus in bello. 14.f. induciæ cum Rom. 22.b. Fœdus. 22.b
agri. 15.b. fertilitas. 5.e. mons. 2.a. oues & boues albi. 15.b. lina. 15.a. farciminis inuentum. 15.a.b
Faliscũ à quo cõditũ. 25.b. Falisca colonia. 22.e
Falisca metra. 1.e. cur ita dicta. 10.f
Faliscus venter farciminis genus. 15.b
Faliscus vicus Romæ. 30.a
S. Famiani origo & vita. 28.e.f. fons ex eius percussione manauit. 26.d.e. ædes ei dicata. 29.a. à Munaldo Episcopo donata. 29.a. à Iulio II. Pont. ornata. 29.b
Farciminis genus apud Faliscos. 15.b
Farratarum placentarum origo. 14.a.b
Fœcialia iura a Faliscis accepta. 14.f
Fœciales Faliscis bellum indicunt. 22.a
Fœdus Romanorum cum Faliscis. 22.b
Felicissimæ virginis martyriũ ĩ vrbe Falari. 6.a
Felix Episcopus Nepesinus. 11.e
Ferentum Othonis Imp. patria. 12.e.f. nõ est Faleria. 12.e. à Viterbiensibus diruta. 12.f

INDEX

Feronia Dea Faliscorum. 7.d. 8.b. *vrbs sub So-*
racte. 8.b
Fescennium seu Fescennia. 8.c. *forsan Ciuitas*
castellana. 8.c. *non est vrbs campaniæ vt Ser-*
uius ait. 8.c
Fescennini versus qui sint. 9.b. *ab Augusto con-*
scripti. 10.a. *error tantum in nuptijs cani so-*
litos. 9.f. *Horatij locus de Fescenninis.* 9.f
Festi Pompeij error. 9.e
Fidene Veientium colonia. 15.c. *postea Colonia*
Rom. 15.d. *ad Veientes defecit.* 15.d. *qua-*
tuor Romanorum legatos necat. 15.d. *à Ser-*
uilio dictatore capitur. 15.f
Fiscon secundum Catonem mons Flasconus. 2.a
Flaminia via Arimino tenus. 31.b. *ab Augusto*
munita. 31.b
Flasconenses ad lacum Volsinienfem. 2.c. *non*
sunt qui olim Falisci. 2.b. *secundum Catonē*
Fiscon fuit. 2.a
Flori locus. 9.a
Fons S. Famiani. 26.d.e
Fons Halesinus. 26.d

G

Gallesium cur sic denominatū. 25.a.b. *à na-*
tura munitum. 26.e. *exercitibus male cō-*
modū. 29.d.e. *Hostibus semper intactū.* 27.a.b
à Ni-

INDEX

à Nicolao Fortebrachio frustra tētatŭ. 26.e.f
à Spoletino Duce occupatum.   23.e.f.
à Gregorio Papa III. recuperatum. 24.a.b.
à Ladislao rege in tutelam receptum. 26.f.
Tyrannis ereptum. 26. f. 28. c. intestinis discordijs agitatum. 28.c. à quo sedatŭ. 28. c.
quomodo auctum. 27.b. Gratiliani martyris
ciuitas. 29. c. Martini Pontificis natalibus
illustre. 31.c. comitatus titulo insignitŭ.28.a.
à Ludouico Imp. Ecclesiæ datŭ. 23.b. Episcopali dignitate ornatŭ. 27.d. Peschij & Alliani agris donatum. 28.b. cur raro de eo apud
historicos mentio.   29. d.e

Gallesii origo. 35.b. situs. 26.d. descriptio. 25.
d.e.f.ædificiŭ.25.e.pons.31.b. aeris salubritas
31.b. terræ ubertas.25.f.oleæ feracissimę.26.e
querceta. 26.c. Gallesium in ciuitatem Rom.
commigrauit.30.c. ad Gallesium vsque Rom.
protēdebatur.31.a. Gallesina ecclesia Castellana coniuncta.   28.f

Galli ex Clusio Romam proficiscuntur. 20.b. Romā incēdunt. 20.b. à Camillo expelluñ. 20.b

Genatius Rom. Tribunus. 17.d.e. eius mors. 17.e

Gratius poeta ex Falcria oriundus.6.e. eius laudes.   6.f

Gratilianus martyr Gallesii ciuis. 29.c. in urbe
                                 Falari

INDEX

Falari martyrio traditus.6.a.eiꝰ facellũ.29.
Gregorius Saccardinus Gallesio oriũdus apud Venetos militum præfectus.31.f. ciuitate Veneta donatus. 32.a

H

Halesus Faliscorum auctor.4.c. Gallesio nomen dedit. 25.a.b
Halesanus fons. 26.d
Hasta Argiuorum arma. 14.f
Henricus Imp. II. confirmauit Benedicto Pontifici oppida plurima. 23.b
Hirpij cur sic dicti.8.a. Sabinorũ lingua lupi.8.a
Hirpiæ familiæ igni non adurebantur. 7.d.e
Horatij locus. 9.f
Horchia Dea Pomona. 11.d
Horchianus vicus corrupte Corchianus. 11.e
Hormisda architectus. 30.d
Humana Rom. Pont. restituta. 23.c

I

Iacobus Gallesio oriundus bello strenuus. 31.f
capite mulctatus. 31.f
Ianus Vadimon & Vertũnus ijdẽ.13.d. farre & uino tm̃ ei sacrificabat.14.a. Tuscorũ rex. 13.f
Iani quadricipitis simulachrum in urbẽ ex Faleria delatum.13.e. delubrum ei quatuor portarũ dicatum. 13.f

Iani-

INDEX

Ianiculus vnde dictus. 13.f
Induciæ Romanorum cum Veientibus. 16.a
   Rom. cum Faliscis & Tarquiniensibus. 21.b
Insulæ mobiles seu natantes in Vadimonio lacu
   agri Hortini. 12.c
Ioannes Episcopus Faleritanus. 6.b
Iulij II. Pont. munus ecclesiæ S. Famiani. 19.c
Iuno Faliscorum Dea. 14.b.c. *eius templum in*
   Faleria. b
Iuno Curitis in honorem Faliscis. 14.d
Iunonia Colonia. 21.a

L

Lacus Albani prodigium. 17.b
Ladislaus rex Gallesiū ĩ tutelā recipit. 26.f
Lartes Etruriæ magistratus. 6.b.c
Lartemanus vicus Romæ. 30.a
Lina Faliscorum. 15.a. *Gratius vocat imbelia*
   lina. 15.a. *Silius induti sua lina Falisci.* 15.a
Liutprandus rex Sabinēse patrimonium Ecclesiæ
   restituit. 23.c. *pacem cū Ducatu Ro. fecit.* 23.d
Loiani vestigia. 27.c
Longus vicus Romæ. 29.f
Longobardi quousque dominarentur. 23.a
Q. Luctatio cos. Falisci se dedunt. 22.a
Lucumones Etruriæ magistratus. 6.c
Ludouicus primus Imp. Faliscos Ecclesiæ confir-
   mat.

INDEX

mas. 23.a
Lupi a Sabinis Hirpi. 8.a

M

Maiorinus Episcopus Polymartij. 11.d
Manturanum Ecclesia datum à Ludouico Imp. 23.a.b
Martianus Episcopus Ostiensis. 11.c
Martinus II. Rom. Pontifex Gallesii oritur. 31.d
Martius Rutilius qd egerit apud Faliscos. 21.a.b
Maximus Episcopus Bleranus. 11.c
Mercatum immune Gallesio concessum. 29.c
Mons Faliscorum & Soracte idem. 2.e
Mons Flasconus non est vbi Faliscum. 1.b
Montaneola Capenatum loca. 3.a
Munaldi Episcopi munus eccle. S. Famiani. 29.a
Munianum in Faliscis. 4.f
Marsilius Lesbius de gentis antiquitate. 13.a

Narniensis ciuitas Rom. Pont. restituta. 23.e
Narnia misere capitur. 27.b
Nepete Ro. Colonia. 3.c. Ciscyminia Etruria ciuitas. 1.a. per deditionem ab Etruscis occupata. 3.c. per Camillum & Valerium recuperata. 3.c. bello Punico secundo Romanis contumax. 3.d.e. primum censum dare coacta. 3.e à Ludouico Imp. Ecclesia data. 23.a
Nicolaus Fortebracius frustra Gallesium tentauit.

INDEX

tauit .   26. f
Nicolaus Ruerius Gallesii discordias sedauit. 28. e
Nicolaus Abbas Gallesio oriundus .   31. e
Nolani a Chalcidensibus fuere .   13. e

O

Opinio de Gallesii origine relecta.   25. c
  Oraculum pro expugnandis Veijs .   17. b
Orosii locus .   5. a
Oues albæ in Faliscis .   15. b
Ouidius citatus pluribus locis vt.   13. b. d. f
Ortanum nunc orta . 11.b. in Faliscis est . 4. f
  Ortana & Castellana Ecclesia ab Eugenio
  IV. copulata. 27.f. à Ludouico Imp. Ecclesiæ
  data . 23.b. de eius antiquitate auctor plura
  dicere potuisset sed non erant eius instituti ego
  quæ longa lectione collegi in alium locũ reijcio.
  Est autem inter alia celebre Hortanum Probæ
  Falconiæ memoria .

P

Pascalis Pont. Blera natus .   31. d
  Perusiũ à Ludouico Imp. Ecclesiæ datũ. 23. b
Peschij agri Gallesio donati .   28. b
Pestilentia Romanorum.   15. f
Petrus frater præceptor S. Spiritus in Saxia Gallesio oriundus .   31. e
Placentarum sarratarum origo .   14. a. b

Pisa

INDEX

Pisa à Pelasgis habitata. 5.b. à Tyrrhenis deleta. 5.b
Pomona Horchia dicta. 11.d
Pompeij Festi error. 9.e
Polimartium Episcopalis ciuitas. 11.d. in Faliscis est. 11.d. à Ludouico Imp. Ecclesiæ datum. 23.b. Sabinianus Papa Polimartio oriūdus. 11.d
Pollionis dictum de Augusto. 10.a
Pons in Tyberi prope Gallesium ego prope Hortanū censeo. 31.b. ab Augusto fabricatus. 31.b
Pontanus de Gratio Poeta. 6.f.7.a
Proba Sempronia Falconia vates Hortina fuit.
Propertij locus de Veijs. 9.a

T

T. Quintio cos. Falisci se dedunt. 21.c

R

Romani à Faliscis acceperūt iura Fecialia. 14.d. supplementa xij. tab. 14.e. pro expugnandis Veijs oraculum consulunt. 17.c Faliscum & veientem agrum populātur. 17.a Fidenates & Veientes fundunt. 15.e. castra à Veijs recuperant. 16.f. Brittones fundunt. 27.a. Sutrinos defendunt & vendicant. 3.d
Romanorum pestilentia. 15.f. clades à Veijs Capena-

INDEX

penatibus & Faliscis. 16.e. clades a Tarquiniensibus. 20.f. Victoria aduersus Tarquinienses & Faliscos. 21.b. aduersus Veientes, Capenates & Faliscos. 17.b. inducia cum Veientibus. 16.a. Præda in agro Falerio & Capenate.   17.b
Roma ædificijs Gallesium vsque deuenit.   31.a
    ab Ocriculo inchoari videbatur.   30.e.
    videbatur extensa in infinitum.   31.a.
    Romæ direptio.   27.b
    Romanus ducatus qui.   23.d
Romanus Pont. Gallesio natus.   31.d
Romanus Episcopus Nomentanus.   11.c

S

S￭*Abellicus de Gregorio Pont. 32.a. Faliscorum situm recte intelligit.*   32.a
Sabini. 4.c Sabiniense patrimonium Zachariæ Pont. restituitur, 23.c. à quo.   23.c
Sabinianus Papa Polimartio oriundus.   11.d
Saturnia ciuitas.   5.b
Seruilius contra Capenates.   18.a
Seruij locus corruptus. 11.b. Seruius reprehensus.   7.f. 8.c
S. Seuera olim Alsium.   4.c
Silij locus.   3.f. 7.b
S. Siluestri castrum in iugo Soractis. 4.f. in Faliscis

INDEX

lifcis eft . 4. f
Societas humana & naturalis. 19. a
Soracte mons & Faliscus idē. 2. e. Inter illustria Faliscorum loca. 7. a. nunc mons S. Siluestri. 7. e. à Seruio dictus mons Hirpiorum. 7. f. in Flaminia via. 7. e
Soranus Ditis pater. 8. a. b
Spoletium recipitur. 24. a. Trasemundus Spoletium reuertitur. 24. b. Spoletinus dux. 23. f. n. n Spoletanus vt alibi incuria impressorum er; atum sic in duplici marmore in ad. bus Capra. & Paulli de Alexijs sic Paullus diaconus lib. 3. hist. Longobardorum vbi meminit Pharealdi primi Ducis Spoletinorum: sic Martialis vt habetur in manuscripto de Spoletinis quę sunt cariosa laganis: sic Cicero de clar. orat. vbi de L. Macrino Spoletino & ter pro Cornel. Balb. & in litteris Gregorij Pontificis bis, & in vita S. Felicis. Deducitur autem à Spoletio non Spoleto licet in nouo lapide templi sancti Eustachij aliter legatur. Nam in antiquioribus marmoribus Spoletium vir quidam eruditus in historia & accuratus obseruauit, & Spoletium habet Strabo lib. 5. & Ptolomęi Graeca exemplaria & tabula; & denique vt, alios praetereamus, Leuinij Torrensij in Vespasiano

INDEX

si anno apud Suetonium Spoletum euntibus adnotat lib. opt. Spoletium.

Stabia in Faliscis. 4. f
Stellatinus vicus Romæ. 30. a
Stephanus Patritius dux Rom. 24. b
Stratagemma Tarquiniensium. 20. f
C. Sulpitius cos. 31. c
Surianum vbi. 25. e
Sutrium ciuitatis Rom. socia. 3. e. ab Etruscis occupatum secundo bello punico. 3. d. contumax Rom. 3. e. censut primum dare coactum. 3. e
Sutrini à Rom. defensi & vindicati. 3. d. à Ludouico Imp. Ecclesiæ dati. 23. a
Synodus Symmachi Papæ cui interfuit Episcopus Hortinus. 11. c. synodus Nicolai primi. 11. c

T

Tarquinieses Etruriæ maritimę ciuitas. 20. d Regū olim Rom. patria. 20. d. Huius ciuitatis vestigia in agro Cornetano. 20. e. Remanis cladē inferunt. 20. f. C. Fabius Ambustus cōtra eos. 20. e. cum Faliscis contra Ro. 20. e. Fabiū consulem fugant. 20. f. cunctatione debellati. 21. d. à C. Martio triumphati. 21. a
Thuscus Vicus Romæ. 29. f
Thuscia loca quamplurima. 23. a. b
Titinius aduersus Faliscos. 17. a

Tolum-

INDEX

Tolumnius à Cosso interfectus. 15.a
Trasemundus Spoletinus Lōgobardorū dux. 23.f
Tribunorum Rom. numerus auctus. 16.d
Triumuiri Coloniæ Nepete deducendæ. 3.c
Troilum oppidum à Caruilio captum. 22.b
Tuder à Ludouico Imp. Ecclesiæ datum. 23.a
Turricula Gallesini agri castellum vt ego credo Hortini. 27.a.b
Tyburtinus Episcopus. 6.b

V

Vadimon Deus Romanis Vertumnus & Ianus. 13.f. Vadimonis lacus quis proprie atque nō in Bassano vt auctor sed in Hortino q̄ mirum est hominem eruditissimum & l: corum minime ignarum præterīsse. 12.b. serpentes producit. 12.d. eius descriptio ex Cæcilio. 11.f. de hoc lacu Volaterrani error. 11.a
Valerius contra Capenates. 17.f. 18.a
Vallis magna in territorio Sutrino Rom. Pont. restituta. 23.d
Veientes vnde dicti. 3.a. quid possiderent. 3.b. Ciscyminia Etruriæ populi. 1.b. quantum distant ab vrbe. 3.b. Fines inter eos & Faliscos. 3.b. Non fuere vbi nunc ciuitas Castellana. 8.e.f. quo in loco ciuitas fuerit nō apparet. 9.a eorum obsidionis initium. 16.b. discordiarum causa

INDEX

causa regem creant. 16. c. ab Etruscis auxi-
lia non impetrant. 16. b. à Camillo eorum
vrbs capitur. 17. e. cur à Virgilio & Silio
pretermiſsi.   4. a. b
Virgilij locus.   4. a. 30. b. & alij.
Vetia flumen e cyminio monte oritur. 3. b. in Ty-
berim labitur.   3. b
Vicorchianum vnde dictum.   11. e
Vicus Tuscus Romæ.   29. f
Volaterrani error.   11. e
Volturnę fanum. 6. c. concilij totius Etruriæ cō-
uentus.   6. c
Vrbs in pratis.   3. a. b

Z Acharias Pontifex Sabinenſe Patrimoniũ
recuperat.   33. e

FINIS.

19-8-6-43-2

PROBAE FALCONIAE HORTINAE

CENTO EX VIRGILIO

AD VINCENTIVM LAVRVM
S. R. E. Cardinalem ampliss.
tit. S. Mariæ in Via.

R. P. F. *DAMIANI GRANAE*
Veronensis sacræ Theologiæ Professoris
ordinis Seruorum opera
in lucem editus.

ROMAE
Ex Typographia Sanctij, & Soc.
MDLXXXVIII.

IOSEPHI CASTALIONIS
de expeditione Britannica.

AD VINCENTIVM LAVRVM
Cardinalem carmen.

Quem purpureo fulgentem murice virtus,
Regibus æquauit latura ad culmen honorum
VINCENTI rerū decus immortale Quiritum.
Quo se præsidio, qua classe Britannia tectam
Quo duce confidat, vel quæ noua fœdera iungas:
Perfida, quæ fortes in se conuertit Iberos,
Ausa diu ferrum respergere cæde suorum,
Templa Dei violare, sacras euertere sedes,
Et petere infando cælestia mœnia bello,
Non illam extremi tutabitur vnda profundi,
Non coniurata gentes, scelerata secuta
Consilia eripient iustis vltoris ab armis.
Sed meritas tandèm nobis dabit impia pœnas,
Et commissa luet duris damnata catenis.
Quem vellet semper Romanum audisse Parentē,

E 4. Quem

Quam cuperet nūquā temerasse altaria sancta.
Inuictiq; animū numquam lasisse PHILIPPI,
Quo non in terris caput vlla potentia maior
Extulit, imperijue extendit latius oras.
Iamq; freta Occani transuecta mille carinæ
Hispanos proceres, & lecta examina pubis
Exposita immanes certant immittere in hostes.
Præfulgens patrijs longe FARNESIVS armis,
Laudis Iuleæ Dux æmulus instruit agmen,
Atque in sacrilegas inferri signa cohortes
Imperat extollens Romanum nomen in astra,.
Hic inter primos Heroum DAVALVS ardens
Emicat in littus, turmas & ducit equestres
Davalvs ad decora, et palmas qui aspirat auorū,
Histonij genus, & Ducis armipotentis Aquini
Iam debellantur post tempora longa rebelles,
Iam iuga subtristes mittuntur nostra Britanni.
Adiuuat Hispanos in cœli templa receptus
Didacus, & latijs referans pater æthera rebus,
SIXTVS adest, vocat et superas in bella phalāges.
Iam tua victores exornet laurus Iberos,
Ausonijq; ducis victricia tempora inumbret
Laurus in æterno VINCENTI consita cliuo.

VIN-

VINCENTIO LAVRO CARD. AMPLISSIMO
TIT. S. MARIAE IN VIA.

F. Damianus Grana. S. P. D.

IRGILIO centonem Probæ uatis infignis à Iulio Roscio Hortino patriæ amore restitutũ tibi uni deberi existimaui Card. amplissime, qui eã Vrbẽ in Etruscis peruetustam maxima prudẽtia non multo ante gubernasti. In qua quidem gubernatione quantũ uoluptatis Pop. Hortinus acceperit uel ex hoc liquet quod ubi eam curã reliquisti, suũ te nihilominus patronũ esse uoluit. Et uero erant meæ partes, ut hoc diuinorũ opus carmine elegãtiss. descriptum tibi

dica-

dicarem, qui hoc templum S. Mariæ in Via nūcupatū, illustrare studes, ipsumq. cænobium, in quo iam diu dego fouere non desinis. Quin etiam cum ruderes incoleremus, & atria nobis erigere, & picturis domū exornare uoluisti. Quod uero pertinet ad Probam, is, qui eam restituit ab innumeris mendis, nō dum certe in lucem, nec sine commentarijs edidisset nisi a me fuisset impulsus. Feci ego liberius antiqua familiaritate, qua cum eo utor multis annis, ut non passus sim diutius Poetriam Christianā, deformatā in tenebris iacere. Ea igitur quantū fieri potuit, ex Vaticanis, pluribusq. manu scriptis exemplaribus, ex quibus unum erat Hortanum, compta, spectandaq. ad te uenit. Tu eam, qua soles humanitate excipe, eiusdemq. patriam, nostrumq. cænobium, ut facis patrocinio tuo nobilissimo tueri perge. Vale.

Brcham.

Robam re ac nomine varie appellatã legi. Nonnulli Semproniam. Pler: q̃; Falconiam, quos sequi placuit. Marianus Episcopus Amerinus M. ilisdei R.P. amantiss. in scholijs ad S. Hieronymi epistolam cij. ad Paulinum Fulconiam. Bibliotheca Vaticana Flatoniam Vecciam: Romana marmora Faltoniam Aniciam familia nobiliss. habent. Atque vt de nomine, sic de patria anceps fuit scriptorum sententia. Io. Boccacius agens de mulierib. illustrib. Romanam quosdam credidisse, alios vero clarissimos viros ex oppido Orthi oriundam asserere confirmat. Post quem eiusdẽ argumenti libro Philippus Bergomas cap. cxxix. nullum dubitandi locum reliquit. Is plane insignem poetriam Hortina vrbi restituit. Ac si quid valet totius alicuius gentis consensus, idem ciuiũ meorum vsque ad nostra tempora confirmat inueterata opinio. Huius rei testes præsentes, ac viuos habeo, qui & forum eius nomine nuncupatũ, & ingentia fastigia domus his ipsis diebus vetustate collapsa demonstrant. Hæc Anicij Probi Adelphi Rom. proconf. coniux Christiana religione fuit. Huius opera quorundam fert sententia primum in potestatem Gothorum venisse Romam ab eius ædificatione M. D. L. X I V. Nam

cum

cum eam biennio Alaricus siue vt alij Athanaricus Gothorum rex obsideret, atque omnes in summa rerum desperatione positi fame ac morbo per vias strati iacerent, lugubre spectaculum miserata Proba portam Gothis patefecit; pium magis existimãs ab aliquo rege quàm vrbē vniuersam penitus interire. Eius primæ Gothorum direptionis meminerunt. Procopius lib. 1. Oros. lib. 7. cap. 38. Aemil. lib. 1. Sozomanus 9. cap. 8. & Cuspinia. in vita Cæsar. Meminerunt & quam plures Antiquarij putei, qui Probę dicitur, & non longe ab ecclesia Gothorum nunc S. Agathæ nuncupata ostenditur in regione Suburra. Floruit sub Honorio magni Theodosij F. circa an. Domini cccc. cui Virgilio centonem inscripsit. Eadem vt habet Fulgosus in collectaneis suis hoc ipsum Homerico versu aggressa vatis nomen & merita & consecuta est. Alia etiam decantauit vt ipsa de se testatur in prohæmio. Hoc autem scribendi genus secuta est in primis vt Honorio & Arcadio quasi expressam indicaret eorum seriem, quæ in veteri, ac nouo testamento continentur, alteri quidem latine, alteri græce, qui Bizantij imperabat. Vel certe, quod etiam mihi fit verisimile, vt hæc cõiugem in senectute ad religionem Christianam conuersum, & pro more aqua lustrali ablutum

doceret. Vnde illi versus ad calcem operis.
 Hunc socij morem sacrorum, hunc ipse tenet
 O dulcis coniux, & si pietate merentur
 Hac casti maneant in relligione Nepotes.
Huius est epitaphium in Vaticano sub Nicolao V.
   repertum quod sic habet.
Sublimes quisquis tumuli miraberis arces
 Disces quantus erat qui Probus hic situs est.
Consulibus proauis, socerisq́; & consule maior
 Quod geminas consul reddidit ipse domus.
Præfectus quinto totum dilectus in orbem
 Sed fama emensus ądquid in orbe hominū est.
Aeternos heu Roma tibi qui posceret annos
 Cur non vota tui vixit ad vsque boni?
Nam cum sex denos mensis suspenderet annos
 Dilecta gremio raptus in æthra Probæ;
Sed perijsse Probum meritis pro talibus absit.
 Credas Roma tuum viuit & astra tenet.
Virtutis, fidei, pietatis, honoris amicus
 Parcus opum nulli, largus & iste fuit.
Solamen tanti coniux tamen optima luctus
 Hoc Proba sortita est iungat vt vrna pares.
Felix heu nimium felix dum vita maneret
 Digno iuncta viro digna simul tumulo.
Proba vero hoc aliud filij posuerunt.

         ANI.

IVLII ROSCII
Hortini.

INsignis cythara celebretur Lesbia Sapho,
  Claruit & docta quaque puella lyra;
Tu tamen emineas cunctis Falconia, per quam
  Hortanum prisca relligione viget.
Cypridis insanos alia cecinere furores,
  Et damnata Orco numina falsa Deûm.
Tu rerum artificem canis, auctoremq́; salutis,
  Quáque vetus scribit pagina, quáq; nova.

PROBAE FALCONIAE
HORTINAE FOEMINAE
Cl. cento ex Virgilio

In vetus ac nouum testamentum.

Ad Honorium Aug. Theodosij Magni
F. & Arcadij Aug. Fr.

Omulidũ ductor, clari lux altera solis
Eoi qui regna regis moderamine iusto
Spes orbis, fratriúq; decus dignare Ma
rone
Mutato in melius diuinum agnoscere sensum
Scribendum famula quē iusserat. Hic tibi mundi
Principium, formamq;, Polos, hominemq; creatũ
Expediet limo, Christi hic tibi proferet ortus.
Insidias Regis, Magorum præmia, doctos
Discipulos, pelagíq; uias, gressumq; per æquor,
Hic fractum famulare iugum, vitamq; reductam
Vnius Ducis auxilio, reditumq; sepulta
Mortis, & ascensum pariter sua regna petentis.
Hæc relegas, seruesq; diu, tradasq; minori
Arcadio: hac legat ille suo generi: hac tua semper
Accipiat, doceatq; suos Augusta propago.

G   *IAM*

Hortinæ.

a.6. Mens agitat molē, & toto se corpore miscet eo.
eo. Spiritus, et quātū nō noxia corpora tardāt eo.
eo. Terreniq hebetant artus, moribūdaq. mēbra.
g.10. O Pater ò hominum, rerumq. æterna Potestas
g.1. Da facilē cursū, atq aïs illabere nostris a.3
g.2. Tuq. ades, incœptumq. una decurre laborem
a.1. Nate Patris sūmi, uigor, & cælestis origo. a.6
g.11. Quē primi colimus, meritosq. nouam° hon'res
b.4. Ia noua pgenies, omnis quē credidit ætas a.7
a.8. Nā memini ueterū uoluës monumēta uirorū
g.1. Munera vestra cano satis ē potuisse uideri b.6
a.6. Moseū ante oēs totum cecinisse per orbem b.3
g.4. Quæ sint, q̄ fuerint, & quæ uentura trahātur
b.6. Omnia, ut ipse tener mundi cōcreuerit orbis.
g.2. Felix qui potuit rerum cognoscere causas;
eo. Vnde hoïm, pecudūq. genus, uiteq. uolatū. g.2
a: 6. Et q̄ marmoreo fert mōstra sub æquore pōtus,
b.6. Et si qd simul ignis hēt uel mobilis humor. eo.
g.2. Haud aliter prima crescētis origine mūdi g.2
eo. Illuxisse dies, aliumue habuisse tenorem
eo. Crediderim, maior rerū mihi nasciū ordo a.7
a.4. Si qua fidē tāto est operi latura uetustas a.10
b.1. Nāq. fatebor em; leuiū spectacula rerū g.4
g.9. Sēper equos, atq. arma uirū, pugnasq. canebā,
g.1. Et studio incassum uolui exercere laborē. a.8
g.4. Omnia tentanti potior sententia uisa est

G 2   Pan-

Probæ Falconiæ

a.6. Pandere res altas terra, & caligine mersas
g.3. Inq. dies aliqd iā dudū inuadere magnū a.9
 Mens agitat, mihi nec placida cōtēta qete ē.
a.5. Ore fauete omnes, lætasq. aduertite mētes. a.8
g.4. Matres, atq. viri, pueri, innuptæq. puellæ.

PRINCIPIVM NARRATIONIS DIVINORVM.

e.6. Principio cælū, ac terras, cāposq. liquētes a.6
eo. Lucentēq. globum Lunæ, solisq, labores ae.1
g.1. Ipse Pater statuit. vos ò clarissima mūdi g.5
eo. Lumina, labentē cælo quæ ducitis annum.
a.3. Nā neq. erāt astrorū ignes, nec lucidus ęthræ;
a.5. Sed nox atra Polū bigis subuecta tenebat, e.5
a.6. Et Chaos ī pceps tātū tēdebat ad umbras e.6
a.6. Quantus ad æthereū cæli suspectus olympū.
a.10. Tūc Pater oīpotens, rerū cui sūma potestas,
e.6. Aera dimouit tenebrosū, & dispulit umbras,
g.1. Et mediū luci, atq. vmbris iā diuidit orbem.
e.3. Sidera cuncta notat tacito labentia cęlo,
a.7. Intentos voluēs oculos qua parte calores. g.2
g.2. Austrinos tulerit, qua terga obuerterit axi,
g.1. Obliquus qua se signorum verterit ordo. g.1
e.3. Postquam cuncta videt cęlo constare sereno
a.10. Omnipotēs, stellis numeros, & nota fecit, g.1
g.1. Tēporibusq. parē diuersis quatuor annum. eo.
eo. Atq. hæc vt certis possemus discere signis.
g.2. Vēre tumēt terræ, & genitalia semina poscūt,

Ac

Hortinæ.

g.1. Ac medio toſtas æſtu terit area fruges,
g.2. Et varios ponit fœtus Aurumnus, & atræ
eo. Venit hyems, teritur ſicyonia bacca trapetis,
eo. Atq.in ſe ſua per veſtigia voluitur annus
     Tempore iā ex illo fœcundis imbrib.æther.g.2
g.2. Magnus alit magno commiſtus corpore fœtus
ſ.9. Et iā prima nouo ſpargebat lumine terras,ſ.4
a.4. Ducebatq. diem ſtellis Aurora fugatis.
b.6. Tū durare ſolum, & diſcludere Nerea ponto
ea. Incipit, et rerū paullatim ſumere formas ea.
a.5. Tum nariæ pelagi facies,immania Cete
a.8. Aequora verrebant caudis,æſtumq.ſecabant,
g.4. Nec non & vaſti circum gens humida ponti
a.2. Iam Sole infuſo, iam rebus luce retectis
g.4. Exultans, rorem late diſpergit amarum.
a.3. Poſtera iamq. dies primo ſurgebat Eoo.
b.9. Fūdit hum⁰ flores, et frōdes explicat oēs.g.2
g.2. Sanguineiſq; inculta rubent auiaria baccis,
eo. Non raſtris hominū, non ulli obnoxia cura
a.3. Tertia lux gelidam cælo dimouerat umbram
g.2. Auia tūc reſonant auib. virgulta canoris.g.2
g.1. Et liquidas corui preſſo dant gutture voces,
b.1. Nec gemere aeria ceſſauit turtur ab vlmo.
a.3. Quarto terra die uariarū mōſtra ferarū,ſ.6
eo. Omnigenūq.pecus nullo cuſtode p herbā a.3
a.6. Educit ſyluis; ſubito,mirabile uiſu;   a.1

               G 3   Tunc

Probæ Falconiæ

ç.12. Tūc demū mouet arma leo, tūc peſſima tigris
g.4. Squamoſuſq. Draco, & fulua ceruice Leæna
a.7. Sæuire, ac formæ magnorū ululare luporum.
g.2. Cetera paſcūtur virides armenta per agres
eo. Nec gregib. liquidi fontes, nec gramina deſūt.
a.3. Iamq. dies, alterq. dies proceſſit, & omne a.10
ç.10. Hoc virtutis opus diuinæ mentis, & artis a.3
a.1. Proſpiciens genitor perfectis ordine rebus
eo. Expleri mentem nequit, ardeſcitq. tuendo,
b.4. Terrasq. tractusq. maris, cælumq. profundū
a.8. Alituū, pecudūq. genus, ſecūq. uolutat a.10
a.1. Qui mare, qui terras omni ditione tenerent,
g.2. Neu ſegnes iaceāt terræ: iuuat uſq. morari. a.6
ç.11.   Talia uerſanti ſubito ſententia ſedit, a.11
g.2. Felicemq. trahit limum, fingitq. premēdo a.6
g.1. Pingue ſolum, primis extēplo a mēſibus anni.
a.8. Iamq. improuiſo tanta pietatis imago a.6
a.3. Proceſſit noua forma uiri pulcherrima rerū
a.1. Os, humeroſq. Deo ſimilis, cui mentē, aiūmq.
ç.12. Maior agit De°, atq. opa ad maiora remittit
a.5. Quæritur huic alius, nec qſq̄ ex agmine tāto
eo. Audet adire uirū, ſociuſq. in regna uocari a.7
a.3. Haud mora. Continuo placidā p mēbra qetē
eo. Dat iuueni, et dulci declinat lumina ſōno. ç.4
ç.10. Atq. illi medio in ſpatio iam noctis opaca a.8
eo. Omnipotēs genitor coſtas, & uiſcera nudat. ç.1

Ha-

Hortinæ.

f.11. Harũ unã iuueni laterũ compagib. arctis e.1
e.6. Eripuit, subitoq. oritur mirabile donum eo.
a.7. Argumentũ ingens, claraq. in luce refulsit e.1
e.9. Insignis facies, & pulchro pectore uirgo a.3
f.7. Iam matura uiro, iam plenis nubilis annis.
eo. Olli somnum ingẽs rupit pauor, ossaq. et artus:
e.4. Cõiugiũ uocat, & stupefactus numine pressit,
a.8. Excepitq. manu, dextrãq. ãplexus inhæsit. g.3
e.6. His demũ exactis torquet q̃ sidera mũdi a.9
f.10. Insit. eo dicẽte premit placida æquora põt', f.x
a.10. Et tremefacta solo tellus, silet arduus æther.
e.3. Viuite felices, interq. nitentia culta   g.1
e.6. Fortunatorum nemorum, sedesq. beatas.
f.7. Hic dom', hic patria ẽ, reqes ea certa laborũ.
a.1. His ego nec metas rerum, nec tempora pono.
eo. Imperiũ sine fine dedi, multosq. per annos g.4
b.4. Non rastros patietur humus, nec uinea falcẽ.
g.4. At genus imortale manet, nec tarda senectus
e.9. Debilitat uires animi, mutatq. uigorem.
e.7. Vos contra quæ dicã animis aduertite uestris.
e.6. In medio ramos, annosaq. bracchia tendens
a.1. Est in conspectu ramis felicibus arbos,   g 2
a.7. Quam neq. fas igni cuiquã, nec sternere ferro
eo. Relligione sacra nunquã concessa moueri. a.3
a.11. At quicũq. sacros decerpserit arbore fætus a.6
eo. Morte luet merita; nec me sententia uertit, a.1

G 4   Nec

Probæ Falconiæ

ʃ.2. Nec tibi iā prudēsq́; squā pſuadeat auctor. g.2
b.8. Cōmaculare manus, liceat tevoce moneri. ʃ.3
a.4. Fœmina, nec te vllius violentia uincat,
ʃ.1. Si te digna manet diuini gloria ruris. a.3
a.3. Poſtquā cuncta Pŕ, cęli cui ſidera parēt. a.10
a.8. Cōpoſuit, legeſq. dedit, campoſq. nitentes, a.6
ʃ.6. Deſuper oſtentat, tantarū gloria rerum. a.4
eo. Ecce autē primī ſub lumine ſolis & ortus a.6
ʃ.1. Denenere locos, ubi mollis amaracus illos ʃ.1
ʃ.1. Florib. & dulci aſpirās cōplectitur umbra. ʃ.1
ʃ.2. Hic uer aſſiduū, atq. alienis menſib. aſtas,
ʃ.4. Hic liquidi fontes, hic cęli tempore certo. g.4
eo. Dulcia mella p̄mūt, hic cādida popul' ātro. b.9
b.9. Imminet, & lentæ texunt umbracula uites
ʃ.9. Inuitant croceis halantes floribus horti
ʃ.6. Inter odoratū lauri nemus, ipſaq. tellus g.1
g.1. Omnia liberius nullo poſcente ferebat.
ʃ.9. Fortunati ambo, ſi mens non lęua fuiſſet. b.1
ʃ.xi. Coniugis infandę docuit poſt exitus ingēs. ʃ.5
a.2. Iamq. dies infanda aderat p̄ florea rura. a.1
ʃ.1. Ecce inimicus atrox imēſis orbib. anguis. ʃ.2
a.5. Septem ingēs gyros, ſeptena uolumina uerſat.
a.3. Nec uiſu facilis, nec dictu affabilis ulli
ʃ.11. Obliqua inuidia ramo frondēte pepēdit. ʃ.7
a.7. Vipeream inſpirās animam, cui triſtia bella,
ea. Irę́q; inſidiáq;, & crimina noxia cordi.

Odit

Hortinæ. 53

eo. Odit & ipse pater tot sese uertit in ora,
f.11.Arrectisq. horret squamis, et ne qd iausu. a.8
a.8.Aut intétatu sceleris ue, dolive relinquat.f.8
a.6.Sic prior aggredii dictis, seq. obtulit ultro. f.8
eo. Dic, ait, ò virgo lucis habitamus opacis, a.6
eo. Riparumq. toros, & prata recentia rinis fo.
eo. Incolimus, q̃ tãta animis ignauia uenit. f.11
b.7.Strata iacét passim sua q̃q̃ sub arbore poma,
g.3.Pocula sunt fontes liquidi: cælestia dona g.4
a.2.Attrectare nefas. Id rebus defuit unum.
a.5.Quis phibet causas penitus tétare latétes.f.3
a.9.Vana supstitio, rerū pars altera adèpta ẽ?f.9
a.12.Códicio, mea si non irrita dicta putares a.x
eo. Auctor ero audẽdi sacrata resoluere iura.a.2
a.4.Tu cōiux tibi fas animum tentare precando.
b.8.Dux ego uester ero, tua si mihi certa uoluntas
f.3.Extruimusq. toros, dapibusq. epulamur opimis
a.1.Sic ait. & dicto citius quod lege tenetur.a. xij
a.7.Subijciunt epulis olim uenerabile lignum, eo.
eo. Instituntq dapes, cótactuq. omnia fœdat.a.3
a.1.Præcipue infelix pesti deuota futura.
g.2.Miraturq. nouas frondes, necnon sua poma
a.6.Causa mali tãti summo tenus attigit ore, a.1
a.7.Maius adorta nefas, maioremq. orsa furorē.
f.2.Heu misero cōiux aliena ex arbore germẽ.g.2
a.6.Obijcit, atq. aim subita dulcedine monit. a.8

Cor-

Probæ Falconiæ

a.11. Cōtinuo noua lux oculis effulsit.At illi a.11
a.8. Terrentur uisu subito, nec plura morati a.5
a.7. Corpora sub ramis obtētu frōdis inūbrāt a.11
a.3. Consertū tegmen, nec spes opis ulla dabat a.2
ç.11. At nō hęc nullis hoīm, rerumq. repertor ç.15
eo. Obseruans oculis, cędes, & facta Tyranni a.8
ç.4. Praesēsit, notūq. furens quid femina possit. a.5
eo. Cōtinuo inuadit.Procul ò pcul este pfani ç.6
ç.6. Cōclamat cęlū, ac terras q numine firmat.ç.4
ç.10. Atq.illi longe gradientem, & dira frementem
eo. Vt uidere metu uersi, retroq. ruentes
a.6. Diffugiunt, siluas & sicubi cōcaua furtim ç.5
eo. Saxa petūt. Piget incepti, lucēq. neq. auras ç.6
eo. Respiciunt, tœdet cęli connexa tueri. a.4
ç.4. Nec lōgū i mędio tępus cū creber ad aures a.2
a.2. Visus adesse pedū sonitus, Genitorq. p umbras
a.10. Talib. affatur dictis, atq. in repat ultro. a.10
a.5. Infelix, qua tanta animum dementia cœpit?
eo. Quis furor iste nouus? quo nūc, quo tēditis, inqt
a.4. Regnorū imemores? ǭ mētē isania mutat ç.12
ç.6. Dicite? ǭ lucis miseris tam dira Cupido? a.6
a.1. Maturate fugam, totoq. absistite luco, ç.6
a.3. Nec reuocare gradū si qñ aduersa uocarint ç.9
a.10. Est licitū. Flamis ambit torrentib. amnis a.6
a.6. Per mediū stridens, torquetq sonātia saxa, eo.
a.3. Attollitq. globos flammarum, & sidera lābit.

Ille

Hortinæ. 54

a.5. Ille sub hac. Tua me genitor, tua tristis imago
a.8. His posuere locis: merui, nec deprecor, inqt ę.12
ę.10. O! potës, sonitúq. pedum, uocemq tremisco ę.3.
a.11. Conscius audacis facti, monitíq. sinistri. a.10
g.2. Fœmina fert tristes succos, tardumq. saporem;
a.4. Illa dolos, dirumq. nefas sub pectore uersans
ę.2. Insontem infando indicio moritura puella g.4
a.10. Dum furit, incautum crudeli morte peremit.
ę.10. Suasit. n. scis ipse, neq. est te fallere cuiq̃ g.4
b.8. Vt uidi, ut perii, ut me malus abstulit error.
ę.11. Cötigimusq. manu qđ nö sua seminat arbos.
g.2. Tũ Pater oĩpotens folio sic insit ab alto. a.8
a.3. Accipite ergo ais, atq. hac mea figite dicta;
a.6. Tuq prior scelere ante alios immanior oës, a.8
a.5. Què nec longa dies, pietas nec mitigat ulla
a.6. Hortator scelerũ coluber mala gramina past?
g.4. Desidia, latamq. trahens inglorius aluum
a.7. Cede locis, nullis horum cogentibus, ipse g.2
g.2. Tennis ubi argilla, & dumosis calculus aruis.
a.2. At tibi pro scelere, exclamat, pro talibus ausis
a.11. Oë aruũ ferro teritur, primusq. per artem g.2
a.6. Heu miserande puer terrã infectabere rastris,
g.1. Et sonitu terrebis aues, horrebit in aruis
eo. Carduus, & spinis surget Paliurus acutis,
eo. Lappeq. tribuliq. & fallax herba ueneni.
eo. At si triticeam in messem, robustaq. farra

Exer-

Probæ Falconiæ

ꝯ. Exercebis humū frustra expectabis aceruū. g.i
eo. Cōcussaq̄. famem in syluis solabere quercu.
a.6. Insuper his subeunt morbi, tristisq̄. senectus
g.3. Et labor, & dira rapit inclementia mortis.
b.3. Hęc tibi sēper erūt: tuq̄. ò sęuissima cōiux. g.2
f.1. Non ignara mali, caput horū, & cā malorū
g.4. Magna lues cōmissa tibi ē: heu perdita nescis
f.4. Nec quę te circū stent deinde pericula cernis
f. nūc morere ut merita es tota q̃ mēte petisti. g.4
a.9. Nec mea iam mutata loco sententia cedit.
f.xi. At iuuenē primū sęuus circumstetit horror:
f.7. Diriguere oculi, nec se cęlare tenebris.   f.9
f.2. Ampliᵘ, aut notas audire et reddere uoces. g.2
f.7. Haud mora. festinant iussi, rapidisq̄. serūtur
a.6. Passib. & pariter gressi p̄ opaca uiarum   f.6
ꝯ. Corripiūt spaciū mediū, limēq̄. relinquūt. g.5
io. Flentes, & paribus curis uestigia figunt.
f.3. Tum uictum in siluis baccas, lapidosaq̄. corna
ꝯ. Dant rami, & vulsis pascūt radicibus herba.
f.3. Interea magnū Sol circumuoluitur annum.
b.4. Matri longa decem tulerant fastidia mēses;
g.1. vnde hoīes nati, durū genus, inde per artē. a.2
g.3. Haud herbę cāpo apparēt, aut arbore frōdes,
g.2. Iuq̄ nouos soles audent se gramina tuto
ꝯ. Credere, & in lętis uuā demittere ramis. g.4
f.4. Instituunt, vdoq̄. docent inolescere libro   g.2

Tunc

a.4. Tūc gemini fres adolēt dū altaria tædis a.7.
a.2. Alter in alterius prælato inuidit honori
eo. Horresco referens cōsāguinitate ppinquū.a.7.
ec. Excipit ïcautū, patriasq. obtrūcat ad aras.a.2
eo. Sanguine fœdantē quos ipse sacrauerat ignes
a.3. Tunc genitor uirius serpētib. addidit atris.g.1
g.1. Mellaq̃ decussit solijs, ignemq̃ remouit,
eo. Prædariq. lupos iussit, pontumq̃ moueri.
eo. Et passim riuis currentia uina repressit.
eo. Mox et frumētis labor addis°, ut mala culmos
eo. Esset rubigo, & uictū seges aegra negaret.a.7
eo. Tunc laqueis captare feras, & fallere uisco
eo. Inuentum, & duris urgens in reb. egestas g.1
eo. Mouit agros curis acuens mortalia corda
a.8. Deterior donec paullatim decolor ætas
g.2. Ferrea progenies, durum caput extulit aruis,
a.8. Et belli rabies & amor successit habendi.
g.2. Iustitia excedens terris uestigia fecit.
a.9. Nec lōgū ï medio tēpus, furor, iraq. mētē a.7
g.2. Præcipitant, gaudent perfuso sāguine fratres
g.2. Condit opes alius, defossoq. incubat auro.
eo. Nec doluit miserans inopē, dextrāq. tetēdit.
a.x. Tūc Prœipotēs grauiter cōmotus ab alto. a.1
a.9. Aethere se mittit, tellurē effudit ï undas. a.12
a.12. Diluuio miscens, cœlumq. in Tartara soluit.
a.2. Sternit agros, sternit iam læta, boumq. labores

Di-

Probæ Falconiæ

g.1. Diluit: īplētur fossæ, & caua flumina crescūt.
g.3. Et genus omne neci pecudū dedit oē ferarum.
æ.1. Tum pietate graui, ac meritis, mirabile dictu.
ę.2. Qui fuit in terris & feruantissimus æqui
æ.6. Eripitur letho tantis surgentibus undis   æ.6
g.4. Vt genus unde nouæ stirpis reuocaret, haberet,
æ.7. Diluuio ex illo Patribus dat iura uocatis   æ.5
æ.11. Oīpotens magnisq. agitat sub legib. auum. g.4
æ.8. qd memorē infandas cades? qd facta Tyrāni,
g.4. Nesciaq. humanis precibus māsuescere corda,
æ.8. Aegyptum, viresq. Orientis, & ultima bella,
g.4. Magnanimosq. Duces totiusq. ex ordine gētis
b.5. Quo cursu deserta petiuerit et Trib. & gēs æ.7
g.2. Magna uirū meriti tāti nō immemor unq̄ ę.8
æ.6. Quiq̄ sacerdotes adsint altaria iusta,   æ.4
eo. Quiq̄ pij uates pro libertate ruebant,   æ.6
æ.7. Qui bello exciti Reges, quæ littore rubro   æ.8
ę.8. Complerint campos acies, qb. arserit armis eo.
æ.7. Rex, genus egregiū magno inflamate furore
ę.9. Agmen agēs equitū, & floretes aerē cateruas
æ.1. Cetera facta Patrū, pugnataq. ī ordine bella
g.4. Prætereo, atq. alijs post me memorāda reliquo

DE MYSTERIO INCARNATIONIS.

æ.11. Nūc ad te, et tua magne Pr̄ cōsulta reuertor:
æ.7. Maius opus mouco uātum p̄dicta priorū   æ.4
æ.3. Aggredior quāuis angusti terminus æui   æ.3
ęo. Accipias, tētāda uia ē, qua me quoq. possim g.3

g.3. Tollere humo, & nomē fama tot ferre p annos
b.4. Quod tua progenies cęlo descendit ab alto.
a.8. Attulit & nobis aliquando optantibus ętas
eo. Auxiliū, aduētūq. Dei, quo femina primū ę.8
a.1. Virginis os, habitūq. gerens mirabile dictu a.7
b.8. Nec generis nostri puerum, nec sāguinis edit;
g.3. Sed quia terrifici cecinerunt omnia vates a.5
a.7. Aduentare uirū populis, terrisq. superbum a.2
ę.11. Semine ab athereo, qui uirib occupet orbē, ę.7
ę.1. Imperiū Oceano, famā qui terminet astris.ę.7
a.9. Iāq. aderat promissa dies, quo tpe primum
a.8. Extulit os sacrum diuina stirpis origo   a.5
a.6. Missa sub imperio, uenit de corpore uirtus eo.
a.7. Omnipotens, subijt cari genitoris imago. a.2
a.3. Haud mora. Continuo caeli i regione serena ę 8
a.2. Stella facem ducens magna cū luce refulsit.
a.9. Agnouere Deū Proceres, cunctiq. repent: a.1
a.5. Munerib. cumulāt, & sanctū sidus adorāt a.2
a.2. Tūc ueri manifesta fides, clarūq. paternę ę.12
a.12. Nomē erat uirtutis, & ipsi agnoscere uultū
a.1. Flagrāt & quae dent diuini signa decoris a.4
a.4. Protinus ad Regē magno clamore furētē   ę.3
ę.4. Fama uolas, magnasq. atuit rumorib. iras, ę.10
eo. Incenditq. aiuxn, matrisq. allabitur aures.a.9
eo. Illa dolos, dirūq. nefae haud inscia rerum ę.12
eo. Praesensit, motusq. excepit prima futuros. a.4

Prę-

Probæ Falconiæ

a.6. Præscia uenturi furtim mādarat alēdū. f.3
a.8. Dū curæ ambigua, dū mēs exæstuat ira. f.4
a.7. At Rex sollicitus stirpē, et gen° oē futurū. f.4
a.2. Præcipitare iubet, oriturq. miserrima cædes
f.3. Multa mouēs, mittitq. uiros, q certa reportēt.
eo. Haud min' ac iussi faciūt, rapidisq. ferūt f.7
eo. Passibus, et magnis urbē terrorib. implēt. f.11
a.6. Continuo audita uoces, uagitus, & ingens,
eo. Infantūq. aiē flentes ante ora parentum. f.5
eo. Corpora natorū sternūtur limine primo. a.6
a.4. At mr gemitu nō frustra exterrita tanto. f.4
f.11. Ipsa sinu præ se portās, turbāte tumultu. f.9
eo. Infantē, fugiēs, plena ad præsepia reddit. f.9
eo. Hic natum angusti subter fastigia tecti
eo. Nutribat teneris immulcens ubera labris.
b.4. Hic tibi prima puer fundent cunabula flores,
ea. Mistaq. ridenti passim cum bacchare tellus
ea. Molli paullatim collocasia fundet Acantho.
a.1. Et iam finis erat perfecto temporis orbe a.6
a.7. Vt primum cessit furor, & rabida ora qerunt
a.6. Ante annos, animūq. gerēs cælestis origo. a.6
a.7. Per medias urbes gradiī, populosq. ppiquos. a.7
eo. Illum omnis tectis, agrisq. effusa iuuentus
eo. Attonitis inhians animis spectat euntē. a.7
eo. Turbaq. miratur matrū, qui spiritus illi, a.7
a.5. Qui uultus, uocisue son', uel gressus eūti è. f.5

Con-

Hortinæ.

b.7. Cōtinuo uates. N āq. hic certissimus auctor g.1
a.8. Vt procul egelido secretum à flumine uidit.
a.6. Tps ait, Deʻ, ecce Deus, cui maxima rerū, a.9
eo. Verborūq. fides, Tu nūc eris alter ab illo b.s
b.5. Fortunate puer, cæli cui sidera parent.
a.6. Sic equidem ducebam animo, rebarq. futurū.
a.11. Expectate uenis spes, & solatia nostri. a.8
a.12. Hæc ubi dicta dedit fluuio mersare salubri g.1
a.9. Accepit ueniētē, ac mollib. extulit undis. g.8
a.3. Exultātq. uada, et subito commota colūba a.5
a.4. Deuolat, et supra caput astitit. Inde repēte g.8
a.5. Radit iter liquidū, celeres neq. cōmouet alas.
a.6. Huc omnis turba ad ripas effusa ruebat
g.1. Certatim largos humeris infundere rores.
a.10. Tūc genitor natū dictis affatur amicis. a.10
a.1. Nate meæ vires, mea magna potentia solus.
a.11. Et præ dulce decʻ magnū rediture Parēti. g.10
a.7. A te principiū, tibi desinit, accipe testor a.11
b.7. O mea progenies quà Sol utrūq. recurrens g.7
ea. Aspicit Oceanum perfecto latus honore: a.7
a.7. Omnia sub pedibus uertiq. regiq. uidebis,
a.6. Tu regere Imperio populos, matresq. uirosq. g.8
a.1. Iam pridem resides animos, desuetaq. corda,
g.1. Ignarosq. uiæ mecum miseratus inertes
eo. Aggredere, & uotis iam nunc assuesce uocari.
a.4. Dixerat. Ille Patris magni parere parabat

H In-

Probæ Falconiæ

a.e. Imperijs,inſtans operi,regniſq. futuris.　a.1
a.6.Heu pietas,heu priſca fides,quas dicere grates
a.2.Incipiã,ſi parua licet componere magnis. g.4
eo. Nec mihi iã patriã antiquã ſpes ullã uidendi.
b.1.Nec ſpes libertatis erat, nec cura ſalutis.
b.1.Hic mihi reſponſum primus dedit ille petenti.
a.6.Concretam exemit labem,purumq. reliquit
a.6.Aethereũ ſenſũ,meq.ĩ mea regna remiſit.a.2
a.6.Illũ ego p flãmas agerẽ ſi ſyrtibus exul. a.5
a.1.Per uarios caſus,per mille ſequentia tela a.6
a.12.Quo res cũq. cadãt unũ pro nomine tãto.a.8
a.5.Exequerer, ſtrueremq. ſuis altaria donis. a.3
*   Nq. erit ille mihi ſemper Deus illius ara b.1
*   Cuncti obteſtemur,ueniãq. oremus ab ipſo.a.11
a.6.Huius ĩ aduẽtu tãtarũ in munere laudũ.a.8
b.5.Ipſi lætitia uoces ad ſidera iactant
ea. Intonſi colles, reſpondent omnia ualles b.10
a.3.Tpe nõ alio magnũ et memorabile nomẽ a.4
a.7.Serpẽtis furiale malũ meminiſſe neceſſe ẽ.a.6
a.2.Auſus quin ẽt fama eſt obſcurior annis　a.7
eo. Copellare uirũ, & uenie di poſcere cauſas.a.1
a.6.Huc ubi tendentẽ aduerſũ per gramina xidit,
a.10.ſubſtitit,fremuitq. ferox Dñumq. potẽtẽ a.6
eo. Saucius at ſerpens affatur uoce ſuperba. a.7
a.3.Vera ne te facies,uerus mihi nuncius affers
a.8.Qui genʹ tuũ domo?q uĩa ad limina tẽdis?ſ

a.6. Fare age qd uenias. Nã te dare iura loquuntur.
g.4. Aut quis te iuuenum confidentissime nostras
a. Iussit adire domos, paciq. imponere morem? a.6
b.1. Nõ eqdẽ iuideo, miror magis. Accipe porro a.9
a.9. Quid dubitẽ, & q̃ nunc animo sntia surgat.
a.10. Est domv alta; uoca zephyros, et labere pennis
a.7. Ardua tecta petens, ausus te credere caelo. a.5
a.4. Si mõ quẽ memoras pr̃ ẽ, cui sidera parẽt. a.10
a.9. Olli subridens sedato pectore fatur
a.8. Haud uatum ignarus, uenturiq. inscius aui,
a.4. Dissimulare etiam sperasti perfide serpens.
a.3. Ne dubita: nã uera uides, opta ardua pennis
a.4. Astra sequi, clausumq. caua te condere terra.
a.10. Quò moriture ruis, maiorq. uiribus audes?
a.5. Cede Deo toto proiectus corpore terra. a.12
a.6. Nec plura his. Ille admirãs uenerabile donũ
a.x. frõte premit terrã, et spumas agit ore cruẽto. g.4
a.11. Cõtetusq. fuga medijs se cõdidit umbris. g.7
a.3. Interea uolitans magnas it fama p urbes. a.4
a.5. Cõuenere uiri: mẽs omnibus una sequẽdi. a.10
a.2. In quascunq. uelit pelago deducere terras. 1
a.5. Multi praeterea, quos fama obscura recondit
a.4. Cõueniũt fremitu dẽso, stipãtq. frequẽtes. g.4
 Circũstãt, uitamq. uolũt pro laude pacisci. a.5
a.11. Exultãtq. ais. mediũ nã plurima turba, a.6
a.4. Postquã altos uetu in mõtes aeterna ptas. g.10
a.1. Iura dabat, legesq. uiris, operũq. labores a.5

H 2   Edo-

Probæ Falconiæ

Edocet humanis quæ sit fiducia rebus, æ.ı
Admonet immixcēs cari præcepta Parētis, æ.5
æ.4. Spemq̃. dedit dubiæ menti, curasq̃. resoluit.
    * Conspicit ecce alios dextra, læuaq̃. frequētes,
æ.11. Exultātq̃. aīs: mediū nã plurima turba. æ.6
æ.6. Hunc hēt, atq̃. humeris extātē suspicit altis.
æ.2. Quos ubi consertos audere iñ prælia uidit
æ.8. Incipit, & dictis diuinum inspirat amorem.
æ.6. Discite iustitiam moniti, & succurrite fessis
æ.5. Pro se quisq̃. uiri cuicumq̃. est copia lethi, æ.5
æ.8. Cōmunēq̃. uocate Deū: meliora sequamur ę.3
ę.5. Quoq̃. uocat uertam iter, uia prima salutis ę.6
æ.2. Intemerata fides, & mens sibi conscia recti
æ.3. Vobis parta quies perfecto temporis orbe.
æ.6. Nam qui diuitijs soli incubuere repertis,
æ.6. Nec partem posuere suis dum uita manebat.
eo. Pulsatusue parens, & fraus innexa clienti.
æ.3. Tūc cum frigida mors animas eduxerit, artus
æ.6. Inclusi pęnā expectāt, quæ maxima turba est.
eo. Infernisq̃. ciet tenebris, ueterumq̃. malorū æ.6
eo. Supplicia expendunt, alijs sub gurgite uasto
eo. Infectum eluitur scelus, aut exuritur igni.

Hortinæ.

b. 1. Non ego uos poſthac cœſis de more iuuēcis a. 3.
a. 8. Relligione Patrū, trūcis, & robore natas, a. 8.
a. 9. Mortaliue manu effigies, nec tēpla Deorū g. 9.
a. 3. Audite, ac repetēs iterūq. iterūq. monebo. a. 3.
a. 9. Sed perijſſe ſemel ſatis eſt, natumq. patremq.
g. 1. Profuerit meminiſſe magis; ſic credere dignū ē
g. 3. Sed fugit interea fugit irreparabile tempus 3.
g. 1. Flāmarūq. dies, & uis inimica ppinquat. g. 12
a. 5. Attonitis hæſere animis, nec plura moratus.
a. 2. Hic aliud maius miſeris mortalib. agris
a. 1. Iudiciū canit, & triſtes denunciat iras.   a. 3.
eo. Venturū excidiū, & uaſta conuulſa ruina a. 3
g. 1. Oīa tunc pariter rutilo immiſcerier igni , g. 2
a. 9. Palantesq. Polo ſtellas, caliq. ruinam.   a. 2
a. 2. Tūc uero tremefacta nouus per pectora cūctis
a. 2. Inſinuat pauor, & taciti ventura videbant.
g. 7. Hac ſup aduētu cū dicta horrēda moneret g. 3
a. 9. Ora puer prima ſignans intonſa iuuenta
a. 2. Ditis opum, ſtudijs florens ignobilis oti. g. 4
a. 7. Quinq. greges illi balantum, bina redibant
eo. Armēta, & dapib. mēſas onerabat ineptis g. 4
a. 6. Continuo palmas alacris utrasq. tetendit, a. 6
a. 1. Et genua amplectēs ſic ore affat̄ amico ē a. 3
g. 2. O Deus ò fama merito pars maxima nr̄a,
a. 1. Ad te confugio, & ſupplex tua numina poſco.
g. 6. Omnia perfeci, atq. animo mecū ante peregi.

H 3   Eripe

Probæ Falconiæ

æ.6. Eripe me his inuicte malis. qd dniq. restat, e.12
æ.3. Quidue sequēs tātos possim superare labores?
æ.8. accipe, daq. fidē: mihi iussa capessere fas ē.e.5
æ.6. Atq. huic responsū paucis ita reddidit Heros.
æ.12. O p̄stans animi iuuenis absiste precando. æ.8
b.10. nec te pęniteat: nihil ò tibi amicereliētū ē. e.6
æ.7. Hoc ēt his addā. Tua si mihi certa volūtas.
e.12. Disce puer cōtēnere opes, et te quoq. dignū e.8
æ.8. Finge Deo, et q̄ sis poteris cognoscere uirt°. b.4
æ.6. Da dextrā misero, & f̄rem ne desere f̄r, æ.10
æ.7. Si iūgi hospitio properat coniūge uolentē æ.5
g.2. Casta pudicitiam seruet domus. en age segnes
æ.4. Rūpe moras, rebusq. ueni nō asper egenis. æ.8
æ.11. Dixerat hæc. Ille in uerbo uestigia torsit æ.3
æ.1. Tristior ora modis attollens pallida miris
æ.4. Multa gemens, se seq. oculis auertit, et aufert
e.3. Inde ubi prima fides pelago, trāqlla p̄ alta æ.2
æ.3. Deducunt socij naues, atq. arte magistra, æ.8
g.1. Atq. alius latū funda iam uerberat amnem
eo. Alta petēs, pelagoq. alius trahit humida lina.
æ.3. Postquā altū tenuere rates, nec iā ampli° ulla
eo. Occurrūt terra, crebris micat ignib. æther. æ.5
æ.1. Eripiunt subito nubes cœlumq. diemq.
æ.5. Cōsurgūt uenti, fluētusq. ad sidera tollunt. æ.3
æ.3. At socijs subito gelidus formidine sanguis
eo. Diriguit, cecidere animi, cunētiq. repente æ.2

Por-

Hortinæ.

e.5. Portū aspectabāt flētes: vox omnib. una, a.5
e.1. Spēq. metumq. inter dubij, seu niuere credāt,
eo. Siue extrema pati lethi discrimine paruo. a.3
e.7. Qualia multa mari nautæ ponūtur ī alto. e.7
e.5. Ecce Deus magno misceri murmure pōtū. a.1
a.1. Emissāq. hyemē sēsit cui sūma potestas a.1
e.5. Par leuib. uentis, & fulminis ocyor alis a.6
eo. Prona petit maria, & pelago decurrit aperto.
a.3. Nec longo distat cursu pereunte carina: a.5
a.x. Agnoscunt longe Regem, dextrāq. potētē. a.7
a.3. Nudati socij, & magno clamore salutāt. a.3
eo. Postquā altos tetigit fluct, et ad æquora venit
eo. Id vero horrendū, ac uisu mirabile fertur. a.7
a.5. Subsidūt undæ, remo ut luctamē abesset, a.8
a.1. Collectasq. fugat nubes, gradūq. p æquor. a.3
a.5. Iā mediū, nec dū fluct lateta ardua tigit a.3
a.5. At media socios incedens naue per ipsos a.5
a.5. Ipse gubernaclo rector subit, ipse magister.
e. Intremuit malus, gemuit sub pōdere cymba. a.6
a.3. Vela cadunt, puppiq. Deus confedit in alta,
a.6. Et tandē lati nautæ aduertuntur arenæ. a.6
g.1. Tunc etiam tardi costis agitator aselli   g.1
a.2. Infedit, nimbo effulgēs, cui plurima circū a.5
a.6. Matres, atq. uiri, pueri, uelamina uoto a.6
a.2. Subijciūt, funēq. manu cōtingere gaudēt. a.2
a.11. Iāq. propinquabat portu, tēpluq. uetustū a.2

H 4   Anti-

Probæ Falconiæ

a.7. Antiqua ex cedro centū sublime colūnis   a.7.
ʃ.x. Ingrediū magna medius comitāte caterua. ʃ.5
a.7. Horrendum siluis hoc illis curia, templum, a.7.
eo.   Hæ sacræ sedes miro quod honore colebāt. a.4.
a.1. Namq. sub ingenti lustras dum singula tēplo
a.6. Horrescit visu subito, insonuitq. flagello,   ʃ.5
a.12. Significatq. manu, et magno simul ūtonat ore.
a.6. Quæ scelerū facies? ǭue aera micātia cerno?
g.3. Cæsaris et nomē? q̃ mētem insania mutat?ʃ.3
a.3. Hæ nobis propriæ sedes: hic tēpore cérto   g.4
a.7. Perpetuis soliti Patres considere mensis.
a.10. Obstupuere ais, gelidusq. p ima cucurrit ʃ.12
a.12. Ossa tremor, mēsasq. metu liquere priores. a.3
a.6. Deuexo interea propior sit uesper olympo ;
a.1. Tunc victu reuocāt vires, & viscera nudāt,
eo.   Et dapibus mensas onerant, & pocula ponunt.
eo.   Postquā prima quies epulis, mensæq. remota
a.2. Ipse inter primos genitori instaurat honores,
a.12. Suspiciēs calū, tū facta silentia linguis. a.11
a.1. Dat manib. fruges, dulcesq. à fontib. ūdas, g.2
a.1. Impleuitq. mero paterā, ritusq. sacrorū   a.12
a.10. Edocet, immiscetq. preces, ac talia fatur. a.12
a.3. Audite ò Proceres ait, et spes discite uestras.
a.5. Nemo ex hoc numero mihi nō donatus abibit,
eo.   Promissisq. Pris uestra inqt munera nobis a.5
e.   Certa manēt pueri, et palmā mouet ordine nemo
                                         Et

Hortinæ.

a.8. Et lux cū primū terris se crastina reddet. a.8
a.5. Vnus erit tantū in meque, exitiūq. mecrū g.8
a.7. Dū mediū paci se offert de corpore nostro: a.1
a.5. Iáq. dies ni fallor, adest, secludite curas. a.1
a.4. Mecū erit iste labor, nec me sētētia fallit. g.10
a.5. Vnū pro multis dabit caput. Hæc ita fatus g.6
g.4. Cōticuit, nullāq. dedit per membra quietē. g.8
eo. Oceanum interea surgens Aurora reliquit.
a.8. Iáq. sacerdotes late loca quæstib. implent. g.4
eo. Cū populo et patrib. serpitq. p agmina murmur.
a.1. Qd' genus hoc hoīm, q've hūc tā barbara more
eo. permittit patria? en pęnas cū sāguine poscūt g.2
a.7. Vndiq. collecti, et magno clamore sequuntū a.10
a.2. Insōtē, sanitq. animis ignobile vulgus. a.2
a.8. Sol medium cęli cōscenderat igneus orbē a.10
a.9. Cum subito accersiri omnes populosq. patresq.
eo. Exposcūt, fariq. iubēt quo sanguine cretus, a.3
a.12. Quidve petat, qdve ipse ferat pclara tuētes
g.3. Facta viri: mist' dolor, & pudor urget inertes.
g.10. Nescia mēs hoīum, certāt illudere capto. a.2
a.7. Tum uero raptis concurrunt undiq. telis,
g.11. Tollitur in cælum clamor, cunctiq. repente
a.2. Corripuere sacrā effigiem, manibusq. cruentis
g.11. Ingentem quercum decisis vnd:q. ramis
a.6. Constituunt, spirisq. ligant ingentib. illum, g.2
eo. Tendebātq. manus pedib. per mutua nexis g.7

Triste

Probæ Falconiæ

eo. Triste ministeriũ, sequti post cetera pubes. ʡ.x
eo. Ausi omnes immane nefas, ausoq. potiti.
a.x Ille aũt ipauidus quo uicula nectitus? inqt. b.6
a.1.Tanta ne vos generis tenuit fiducia vestri,
eo. Post mihi non simili pęna commissa luetis.
a.2.Talị perstabat memorans, fixusq. manebat.
a.4.Interea magno misceri murmure cęlum a.1
eo. Incipit, & rebus nox abstulit atra colorẽ, a.6
g.1.Impiaq. æternam timuerunt sacula noctem
eo. Terra tremit, fugere feræ, & mortalia corda
eo. Per gẽtes humiles strauit pauor: ĩde repẽte a.8
a.9.Dat tellus gemitũ, et cęlũ tonat oĩ fragore, ʡ.9
ʡ xi Extẽplo commoti animi de sedibus imis, g.4
g.4.Vmbrę ibãt tenues, tellʼ quoq. et ęquora pōti g 1
g.1.Signa dabãt: sistunt amnes, terræq. dehiscunt;
g.4.Quin ipsæ stupuere domus, atq. ĩtima lethi g.4
eo. Tartara, & ũbrosa penitʼ patuere cauernę ʡ.8
g.1.Sol quoq. & exoriẽs, cuncti se scire fatentʼ, ʡ 11
eo. Tũc caput obscura nitidũ ferrugine texit. g 1
a.4.Diffugiũt comites, & nocte tegũtur opaca, ʡ.4
a.8.Multaq. dura suo tristi cum corde uolũtant.
eo. Quid faciant hoerẽt infixi pectore uultus, ʡ.4
a.4.Verbaq. nec placidam mẽbris dat cura qetẽ.
c.1.Tunc senior tales referebat pectore uoces
ʡ.6 Multa putãs: ubi nũc nobis Deʼ ille magr̃, ʡ.5
ʡ.3.Quẽ seqmur? quoue ire iubes? ubi ponere sedes?

O do-

Hortinæ.

a.10.O'dolor atq.decus tātarum gloria rerum.a.4
ę.2.Iā iā nulla mora ē, et nos rape in oīa tecū.a.2
a.1.Orāmus, teq.aspectu ne subtrahe nostro. a.6
ę.11.Hos inter motus, media īter talia uerba.ę.12
a.11.Tertia lux gelidā cęlo dimoucrat umbrā,ę x
g.4.Iāq.pedem referēs superas ueniebat ad auras
a.2.Cū subito ante oculos īgēti mole sepulchrū ę.6
ę.11 Corp' ubi exaium positū, nec claustra, nec ipsi
a.2.Custodes sufferre ualent, anulsaq saxis a.2.
eo.Saxa uidēt laxis laterū compagibus arctis. a.1
a.9.Fit sonus:ingenti concussa est pondere tellus;
a.2.Horror ubiq.animū simul ipsa silentia terrēt.
a.8.Ecce autem primi uolucrū sub culmine cātus
a.6.Ingredīī linquens antrū, spolijsq superbus a.8
a.6.Ibat ouās, pulsuq.pedum tremit excita tellus.
a.2.vulneraq.illa gerēs forib.sese intulit arctis ę 10
eo. Atque hic ingentē comitum affluxisse nouorū
eo.Inuenit admirās numerū, cunctisq.repente a.1
a.1.Improuisus ait, corā quē quæritis adsum. a.1
a.6.Vicit iter durū pietas & uiuida uirtus. a 5
a.4.Præcipites uigilate uiri:timor oīs abesto. a.11
a.11.Hi nostri reditus, expectatiq. triumphi,
eo.Hęc mea magna fides ò terq.quaterq. beati a.1
a.9.Qua uobis, quę digna uiri pro laudib. istis a.10
eo.Præmia posse reor solui?qua dona parari. a 4
a.10.Accipite ergo aīs, qua nos à stirpe parentū a.3

Pri-

Probæ Falconiæ

a.3. Prima tulit tellus, eadem vos ubere læto
eò. Accipiet; reuocate aīm, mæstumq. timorem a.8
a.1. Mittite, vos & met rebus seruate secundis.
a.1.. Quod superest læti bene gestis ordine rebus
g.10. Pacē orate manu, pacē laudate sedentes a.18
a.12. Magnanimi, pacis solum inuiolabile pignus.
a.5. Et simul his dictis faciē ostentabat et ora, g.3
a.6. Ora, manusq. ambas, populataq. pectora ferro.
a.5. Immiscētq. manus manib. gaudētq. uidētes,
a.6. Nec vidisse semel satis est: inuat usq. morari.
eo. Et cōferre gradū, et dextrā cōiūgere dextrę.g.8
eo. His demū exactis spirātes dimouet auras a.6
a.9. Aera per tenerū, caloq, inuectus aperto a.1
a.4. Mortales uisus medio in sermone reliquit,
a.1. Infers se septus nebula mirabile dictu.
a.7. At illum solio stellantis regia cæli
a.7. Accipit, æternūq. tenet per secula nomen. a.6
* a.8. Ex illo celebratus honos, lætiq. minores
  a.7. Seruauere diem tot iam labentibus annis.
  a.6. I decus, i nostrum tantarū gloria rerum
* a.1. Sēper honos, nomēq. tuū, laudesq. manebūt,
  a.5. Et nos, & tua dexter adi pede sacra secundo
  a.8. Annua quæ differre nefas, celebrate fauentes
  a.3. Hunc socij morem sacrorū, hunc ipse teneto
  a.2. O dulcis coniux, & si pietate merentur
* a.3. Hac casti maneāt in relligione Nepotes. a.3

IV-

IVLII ROSCII
HORTINI
In sacratiss. domum Lauretanam.

USONIAS quisquis pergis nouus
   hospes ad oras
LAVRETI cupidus ponere in æde pedē
Non tā candenti mireris marmore
   templi,
Quàm uecta Aligerum tecta beata manu.
Hæc est illa Domus conceptus conscia sacri,
   Virginis impleuit cum Deus ipse sinum.
Hic & reptauit cælestis sæpius infans,
   Et lac virgineis suxit ab uberibus.
Tu sacrum thalamum summisso poplite adora,
   Sanctior in toto non nitet orbe locus.

IVLII CAPILVPI
CENTO EX VIRGILIO
Ad Beatissimam Mariam Virginem.
Cento Primus.

a.6. Alue Sancta parens, magnum &
    memorabile numen, a.4
a.1. Nata Patris Summi, atq; eadem
    gratissima coniux, a.10
g.1. virginis os habitūq. gerēs, lectissima mr̄m; g.10
a.10. Quæ nūc æthereos inter Dea cādida nubes a.8
a.8. Solis inardescis radijs longeq. refulges;
eg.5. Sub pedibusq. uides nubes et sydera olympi a.5
a.1. Cui Pr̄ intacta pro uirginitate sacrauit a.12
g.11. Ingentē cœlo Rex ætheris altus honorē, a.12
a.12. Victus amore tui: tm̄ decus enitet ore: a.4
a.7. Te super æthereas errare licentius auras
a.1. Permisit, cœliq. libens in parte locauit: a.12
a.6 O quā te memorē Virgo Maria, o a cœlo a.5
a.12. Donat hr̄e tibi diuū pater atq. horm̄ Rex a.1
eg.10. Tu decus oē tuis postq̄ se condidit alueo a.9
a.11. Haud ignota loquor De æthere miss ab alto
a.4. Impleuitq. sinum; claraq in luce refulsit a.1

                                Au-

a.4. Aduentū anxiliūq. Dei, (mirabile dictu) a.7
g.1. Nequicquā seros Lucina experta labores g.4
a.2. Sacra per integrā soluūtur uiscera pellem g.4
a.6. Læta Dei partu; uenit de corpore uirtus a.5
a.10. Omnipotens; subijt cari genitoris imago: a.2
a.3. Hæc quondā cœli magnū uentura sub axē a.6
g.1. Iam pridē nobis cecinerunt omnia uates. a.5
a.6. O Virgo cui tanta Deo permissa potestas a.9
eg.2. Huc ades, & uotis iā nūc assuesce uocari, g.1
a.1. Ad te cōfugio miserātē incōmoda nostra, a.8
a.5. Huc geminas nūc flecte acies, mètéq. beni a.1
g.11. Alma parēs p̄ses n̄ro succurre labori a.9. (gnā
a.6. Aspice ut insignis cœpit crudescere morb' g.3
a.1. Nec dū etiā manare cruor cessauit, et altè g.3
a.8. Huic capiti isultās, lētus nō deficit hun. or g.1
a.2. Ex illo fluere; ac morbo illuuieq. pereū g.3
g.4. Protinus inq. sinu p̄cordia ad intima subit, a.7
a.10. Visceribus super accūbens; iā pectore toto a.9
a.1. Hæret, & interdū macie cōfecta suprema a.3
a.3. Mēbra ut atit; frigētq. essate ī corpe uires: a.5
a.3. gd labor aut bn̄ facta iuuāt! usq̄ medā dies a.2
a.10. nil ualid iuuere man'; nihil auctor Apollo. a.12
a.11. Profuit, aut Marsis q̄ sita in mōtib. herl a; a.7
a.12 Nō hæc humanis opibus, cessere magist i; g.3
a.12. At tu oro solare inopem & succurre relicti.
a.7 Hæc mihi da propriā Virgo sperare salutē a.1

Iu

Iulij Capilupi

æ.12. *Tu requies omnis curæ, casusq. leuamen,* æ.3
æ.3. *Solamenq. mali: culpam compesce priusq̃* g.3
eg.1. *Dira per incautũ serpant contagia pectus: æ.1*
eg.1. *Nãq. fatebcr.n. tanto me crimine dignũ; ę.10*
æ.6. *Hortator scelerũ sensus animũq. labãtẽ* æ.4
    Impulit; agnosco ueteris uestigia fraudis: eg.x
æ.2. *Hinc mihi prima mali labes p̃cepta secuto* g.4
æ.1. *Matris Acidaliæ, tales expendere pænas,*
g.2. *Nõ aliã ob culpã uoluit Rex magn'olympi. ę.2*
g.2. *Quare ut te supplex peterẽ, tua limina adiui*
æ.12. *LAVrẽti, fama totũ uulgata per orbẽ:* æ.1
æ.7. *Tectũ augustũ, ingens, centũ sublime colũnis,*
æ.12. *Scruati ex ũdis ubi figere dona frequẽtãt ę.6*
æ.6. *Matres atq. uiri, et uotas suspẽdere uestes: ę.12*
æ.4. *Submissi petimus terrã; nos munera t̃ẽplis* æ.4
    Quippe tuis ferim'; meritosq. nouam' honores: æ.8
æ.1. *Namq. sub ingenti lustro dum singula templo,*
ę.12. *Vidi oculos ante ipse meos solemnia uota, eg.5*
ę.11. *Tãtorũ impensis operum, miracula rerũ,* g.4
æ.2. *Atq. humiles habitare casas, paruosq. penates,*
æ.5. *Vnà omnes tecũ meritis pro talibus annos* æ.1
eg.1. *Hic illum uidi, cœli cui sydera parent:* æ.7
eg.9. *Certe eqdẽ audierã uulgai fama p̃ urbes ę.12*
æ.12. *Agminis Aligeri socijs, sacraq. cateruã* æ.11
g.3. *Aera p̃ uacuum ferri tectumq. laremq.* g.3
eg.5. *Montibus in nostris alio sub Sole iacentẽ* g.3

                             Ma-

Cento I. 65

a.1. Matre Dea mõſtrante (uiã mirabile dictu) *a.2*
  Littus ad Auſoniũ conuexo ĩ tramite ſyluę *ę.11*
a.8. Delegere locũ & poſuere in uertice Montis *ę.10*
  O felix vna ante alias pulcherrima proles *a.6*
a.3. Cęlicolum Regi; tantarũ in munere laudũ *a.8*
eg.6. Nunc ego nãq. tibi, terq. hac altaria circũ *e.8*
a.2. Perſolvã grates: numero Deus impare gaudet.
a.1. Sin abſupra ſal', & uis inimica propinquat *ę.12*
ę.10. Te precor hãc animam ſerues Natoq. Patriq.
a.9. O genitrix, meriti tãti nõ immemor vnquã. *ę.9*
a.4. Errantẽ doceas iter, & ſacra oſtia pandas; *a.6*
a.6. Ire ad coſpectum cari Genitoris & ora
  Contingat, patiar quemuis durare laborẽ; *a.8*
ę.6. Da dextrã miſero, et tecũ me tolle per auras, *g.8*
a.6. Sedibus ut ſaltem placidis in morte quieſcam.
a.5. Quod ſupereſt, oro, dubijs ne defice rebus, *a.6*
a.3. Sola in te ſuprema ſalus miſerere tuorum: *a.12*
a.6. Noctes, atq. dies facilis deſcenſus Auerni. *a.6*
a.4. Tu modo poſce. Deũ veniã; ſacrisq. litatis *a.8*
  Indulge; ſer rite preces, iramq. minasq.
  Supplicibus ſupera votis; miſerere precãtis. *a.10*
a.4. Ne Pr̃ omnipotẽs adigat nos fulmine ad ũbras
  Pallentes vmbras Erebi, ſtigiamq. paludẽ: *a.6*
a.5. Cũ freta, cũ terras oẽs, cęlũq. profundũ, *eg.10*
a.1. Et genus humanũ, crepitantib. urere flãmis, *g.1*
g.1. Ipſe Pater ſtatuet, ſeruans ſub pectore vultus *ę.8*

I   Aeter-

Iulij Capilupi

g. 2. Aeternū : sceleris tanta est iniuria nostri. a. 9.
a. 6. Discite iustitiā moniti, & non temnere Diuos.
g. 10. Stat sua cuiq. dies breue & irreparabile tēpus
 Omnibus est; veniet lustris labentibus ætas a. 1
a. 1. Cū domus, & proles subito defecerit omnis: g. 4
a. 2. Venit summa dies & ineluctabile tempus
a. 10. Exitiū magnū atq. metū mortalib. ægris, a. 1 2
g. 1. Cum caput obscura nitidum ferrugine texet
g. 1. Sol tibi signa dabit; solē portēta sequētur: g. 11
a. 3. Et Lunā in nimbo nox intempesta tenebit.
a. 2. Horresco referēs, nigrescent omnia circum, a. 2
g. 10. Incipiet magno misceri murmure cælum, a. 4
g. 12. Et uenti uastos uoluent ad littora fluctus: a. 1
a. 9. Miscent se maria & nigræ attollentur arenæ :
a. 6. Sub pedib. mugire solū, tonitruq. tremiscēt a. 5
 Ardua terrarū, & campi, ripæq. lacusq,. g. 1 2
g. 2. Ingentē uocem latè nemora alta remittēt: g.12
a. 7. Multaq. præterea uariarum monstra ferarum
a. 6. Terribili aspectu formæ, sub nocte p umbrā a. 6
g. 4. Incedent; magnisq. urbē terrorib. implent: a. 11
g. 4. Tū uaria illudent species: crudelis ubiq. a. 3
 Luctus, ubiq. pauor; & plurima bella p orbē g. 1
a. 2. Quis cladem illius noctis, quis funera fando
 Explicet; et simulacra modis pallētia miris? g. 2
a. 5. Inde ubi clara dabit sonitū tuba; primus oēs g. 7
a. 6. Aspicias animæ imis exire sepulcris; eg. 8.
          Hinc

Cento I.   66

a.7. Hinc exaudiri gemitus; mihi frigid*horror *a.3*
  Mēbra quatit; gelidusq. coit formidine sāguis
eg.2. Hæc aius meminisse horret, luctuq. refugit *e.1*
a.4. Arrectæq. horrore comæ, & uox faucib. hæsit.

AD XYSTVM QVINTVM
Pont. Max.

Iulij Roscij Hortini.

XYSTE Pater, per quem ueteres in-
  staturat honores
    Roma quibus iacuit semisepulta lo-
    cis.
Exurgit decus antiquum, patet ampla uiarum
  Semita, & æquatis collibus alta secat.
Iam neque Flaminia cedant iuga celsa Quirini,
  Nec Vaticanis collibus exquiliæ.
Sumite felices felicia dona Quirites.
  Finibus è longis lympha beata venit.

AD XYSTVM QVINTVM
Pont. Max.

Iulij Capilupi. Cento II.

a.5. **S**ALVE Sancte Parens, qui vertice
      MONTIS ab ALTO, *a.7*
g.1. Et Tyberim Tuscum, & Romana
      palatia seruas. *g.1*
a.7. Cui triplici niuea cinguntur tempora uitta *a.6*
g.4. Inter sacra Deū Patribus das iura uocatis. *r.5*
a.5. sūme Pater; nā te uoluit Rex magnus Olympi
eg.5. Montib. in nostris exortem ducere honorē *a.5*
a.6. Te regere imperio et sūma dominarier arce *a.7*
a.1. Romanos rerū dominos, Sanctūq. Senatū *a.1*
eg.4. Terrasq. tractusq. maris, te maxim: Orbis *g.1*
e.12. Suppliciter venerās multo copellat honore. *a.3*
a.8. Te stygij tremuere lacus; Tu maximus ille es
      Vnus qui nobis cunctando perdere gentem; *a.7*
a.7. (Quam neq. fas igni cuiquā, nec sternere ferro,
a.7. Immanē Lapithum ualuit: cui tristia bella *e.7*
      Iraq. insidiaq. & crimina noxia cordi
a.6. Atq. odijs versare domos, & viuere rapto. *a.7*

                              Vt

Cento II.

eg.5. *Vt lupus insidias dũ explorat ouilia circũ* g.3
æ.6. *Ingenti trepidare metu, cum uidet ab alto* æ.10
g.3. *Præcipitem fuluũ descendere Monte Leonẽ* æ.4
æ.12. *Mille fugit, refugitq. uias, & cōcaua furtim*
　　　Saxa petit, seq. ex oculis auertit & aufert. æ.4
eg.1. *Sic hos uersa fuga uictor dare terga coegit:* g.4
æ.6. *Huius in aduentu quo non præstantior alter* æ.6
æ.6. *Terrentur uisu subito (mirabile dictu)* g.2
æ.10. *Hoc uirtutis opus; paciq. imponere morem* æ.6
æ.6. *Parcere subiectis, & debellare superbos.*
ę.3. *O felix una ante alias pulcherrima Roma* g.2
eg.4. *Aspice uenturo lætentur, ut omnia sęclo*
eg.5. *Non lupus insidias pecori, nec lustra ferarũ* g.2
　　Vlla dolũ meditātur, amat bonotia Pastor eg.2
æ.6. *Nec uim tela ferunt, tuta latet arce uiator* æ.10
g.2. *Casta pudiciã seruat domus, herba ueneni.* eg.4
　　Occidit & serpens, terris uestigia fecit g.2
æ.1. *Iustitia, ac toto surget gens aurea Mundo* eg.4
æ.3. *Viuite fęlices: fuit ingens Monte sub Alto* æ.2
æ.3. *Vobis parta quies, pacem laudate sedētes.* æ.2
eg.7. *Nympha noster amor libethrides; en erit unã*
　　Ille dies? totũ ut liceat mihi ferre per orbẽ eg.8
g.2. *Carminib. patrijs laudes et facta Parentis.* eg.4
æ.7. *Tyrrhenum ad Tybrim, et Fontis uada sacra;*
　　ubi campos g.2
ę.9. *Martĩ à stabulis rapuit Lupʼ; undiq. lymphæ*

I 3　　　Fau-

Iulij Capilupi

a.6. Faucibus effundēs, uiridi proiectus ī antro eg.1
g.4. Exultans rorem latè dispergit amicum. a.2
a.6. Iampridem cupio; suspēsam blāda uiciſſim e.5
  Gaudia ptentant mentē, tua dicere facta. eg.8.
a.7. Quæ potui infælix? non oīa poſſumus oēs; eg.8
eg.1. Quamuis Parnaſſi deserta p ardua dulcis g.3
  Raptat amor; iuſſiſq̃ ingentib. urget Apollo; e.7
a.4. Ecce iterum toto descendit corpore pestis a.5
a.8. Huic capiti insultās, lætus nō deficit humor. g.1
e.2. Ex illo fluere, ac crudeli tabe peredit a.6
g.1. Ingeniū; non lingua ualet, nō corpore nota a.12
  Sufficiunt uires, caput horū, & cā malorū a.2
e.4. Namq̃. fatebor enim, sceleris uestigia nostri eg.4
a.6. His mersere malis: culpā compesce, priusq̃. g.3
  Dira per incautum serpant contagia pectus. e.1
a.6. SIste precor miserere, potes nāq̃. oīa; nec te a.6
e.11. Nequicā sacra longænum in sede locauit a.3
e.10. Oīpotens Genitor: cælo Erebeq̃. potentem a.6
a.1. Ad te confugio; patet atri ianua Ditis a.6.
a.6. Panditur porta domus omnipotētis olympi a.2
a.4. Submiſſi. petimus terram miserere precantis a.3
a.3. Da deinde auxiliū, atq̃. alto succedere cælo g.4
a.4. Indulge, fer rite preces, iramq̃. minaq̃. a.8
  Supplicib. supera uotis; per sydera testor a.3
  Per superɔs, colui uestros si semper honores e.11
a.9.   Ipse tibi ad tua templa. ferā solemnia dona

           Aonio

Cento II.   68

g. 5. *Aonio rediens deducam uertice Musas*
æ. 6. *Insuetū per iter, & te memorāde canemus:* g. 3
æ. 3. *Idem uenturos tollemus in astra Nepotes,*
æ. 2. *Quo res cūq. cadet, quæ ritè īcœpta paraui* ę. 4
    Perficere est aīus, mecū modo uita supersit. g. 3
    Tu uatē tu Diua mone dicā; optima facta ę. 10
ę. 10. *Facta Patris laudes audacib. annue cœptis,* g. 8
g. 3. *Te sine nil altum mēs inchoat, en age segnes*
    Rupe moras, tētā da uia ē qua me quoq. possim
    Tollere humo; stimulos sub pectore uertit Apollo.
æ. 2. *Dicā olim; quocūq. dabūt se tempore uires.* æ. 4
g. 1. *Hinc canere incipiā; lucos atq. aurea Tecta* ę. 6
æ. 8. *Aurea nunc olim syluestribus horrida dumis*
g. 1. *Mox scena ut uersis discedat frontibus; itq.* g. 3
ę. 7. *Ipse Quirinali Romano nomine Portam* æ. 8
ę. 1. *Imposuit; Pinosq. ferēs de Montibus Altis* g. 4
g. 4. *Edurāq. Pyrum, biferiq. rosaria pesti,* g. 4
g. 4. *Tecta serit late circum, dimensa uiarum* g. 2
ę. 10. *Ordine cūcta suo, factura Nepotib. umbrā.* g. 2
g. 3. *Addā Urbes, molemq. & mōtes insup altos.* æ. 1
g. 3. *Hic Templū donis opulētū & numine Diua.*
g. 1. *Felices fontes, & stagna uirentia musco.* g. 4
ę. 7. *Hoc etiā his addā saxūq. immane mouēte.* ę. 12
æ. 9. *Immanem molem secreta in sede latentem* æ. 2
g. 2. *Ut tumidum sub te permensi nauibus æquor.* æ. 8
æ. 1. *Hic pietatis honos, Quo tutior hospita lustres* ę. 3

                   I 4   Æquo

Iulij Capilupi

Aequora, & Ausonio possis considere Portu.
a.7. Das tibi præterea: susceptū perfice munus *a.6*
a.5. Summe Pater, rebusq. ueni nō asper egenis, *a.8*
a.5. Quod superest oro, si qd mea carmina possūt.
a.4. Hùc geminas nūc flecte acies, et mœnia serua
e.10. Fatidicę Mantus, propius res aspice nostras *a.1*
a.1. Nos tua pgenies; referentē signa CAmillū. *a.6*
a.2. Hinc primū tutare, ingēs CAput oris hiatu *ę.2*
    Cui mala texere LVpi : nec uestra feretur *a.7*
    Fama leuis, tantiq. abolisset gratia facti.
eg.9. Cantantes sublime ferent ad æthera. Cygni
a.6. SIste tuū nomē, superet modo Mātua nobis *e.9*
a.10. Mātua Diues auis Troiana gloria gentis *a.6*

AD HIERONYMVM DE RVVERE
S.R.E. Cardinalem ampliss.

Iulij Roscij Hortini.

AGNA arbos spectata comis, deuota
triumphis,
    Quam toties uates, quam cupiere
    Duces.
Non tibi tristis hyems, non sæuo syrius æstu
   Vrat honoratum, decuti atq. decus;
                          Sed

Cento III. 69

Sed matutino te rore aspergat Eous,
Et sol præsenti lumine respiciat.
Pro te ego & Alcinoi spernam pomaria Regis,
Pieridumq. umbras, Hesperidumq. nemus.

AD ILLVSTRIS. HIERONYMVM
DE RVVERE.
S. R. E. Cardinalem ampliss.

Iulij Capilupi. Cento III.

a.7. HESPERIA in magna, multos
seruata per annos, e.7
a.6. Monte sub aerio, tardis ubi flexib.
errat g.3
f.2. Inter opima uirū, fluuio Tyberinus amœno, f.8
g.1. Exijt ad cœlum ramis fœlicibus Arbos;
f.6. Sacra comā, nemorūq. Ioui q̄ maxima frondet:
eg.7. Populus in fluuijs; abies in montibus altis;
eg.7. Formosæ mirtus Veneris, Parnasia Laur', g.2
ag.7. Fraxinus in siluis cedet tibi, Pinus in hortis.
eg.5. Vitis ut arborib. decori est, ut vitibus vua,
eg.5. Tu decus omne tuis bis pomis fertilis arbos
g.2. Dant alios alia fœtus dat Tmolus odores, g.1
g.1. India mittis ebur, molles sua thura Sabæi:

Hæc

Iulij Capilupi

g. 1. Hæc varios ponit fœtus virtutis Auita   a. 19
g. 2. Pullulat ab radice alijs densissima sylua:
a. 4. Aurea purpureo frondescit virga metallo: a.6
g. 2. Prætera genus haud unū dedit; hic genus oē g. 2
  Siluarum fruticūq. uiret, nemorūq. sacrorum:
g. 2. Chaonijq. Patris glandes, semperq. recentes a. 7
g. 2. Et trudit gemmas, & frondes explicat omnes.
g. 1. Cum nix alta iacet, glaciē cū flumina trudūt:
g. 2. Huc illuc ramos, annosaq. bracchia pandit; e. 6
a. 2. Dat late pecori frōdē, aut pastorib. umbrā. g. 2
g. 2. Illudunt, pascūtur oues; sub matrib. Agni e. 9
  Balatum exercent: læti conuiuia curant,   g. 1
a. 2. Intenduntq. locū sertis, lustrantq. choreis   a. 29
eg. 1. Pastores; primum dulces ante omnia Musæ g. 2
a. 7. Corpora sub ramis deponunt arboris altæ,
a. 6. Floribus insidunt uarijs, & carmina dicūt: a. 6
g. 2. Auia tum resonant auibus virgulta canoris;
e. 11. Dāt sonitū rauci per stagna loquacia Cygni:
eg. 9. Hic uer purpureum, uarios hic flumina circū
  Fūdit hum' flores, texūt umbracula uites: e. 9
g. 2. Nec liquidi gregib. fontes, nec gramina desunt:
a. 7. Huius apes summum densæ, mirabile dictu,
a. 7. Obsidere apicem, cæloq. examina ludunt,   g. 4
g. 4. Educunt fœtus, & mella tenacia figunt: g. 4
e. 7. Hinc Italæ gentes, omnisq. œnotria tellus
  In dubijs responsa petunt; curasq. resoluit: g. 2

Hic

Cento III.

a.7. Hic & tū PAter ipse petens respōsa LAtinus
g.3. Ipse dies agitat festos, ouiumq. magistros eg.2
a.10. Edocet humanis quæ sit fiducia rebus :
a.7. Per populos dat iura, uiamq. affectat olympo
g.2. Ergo non hyems illam non flabra, nec imbres
    Conuellant; solidoq. suo stent RObore uires: a.x
a.6. O quā te memorē; mecū mō uisa supersit; g.3
ꝑ.10. Fatidicæ Mātus quæ sūt mihi cōdita uersu e.10
    Carmina PAstoris modulās alterna notaui; e.5
a.3. Pauca tibi è multis; prohibēt nā cętera Parca
a.4. Nunc; olim quocunq dabunt se tempore uires
a.2. Dicā eqdē: maior rerū mihi nascit ordo : a.6
eg.2. Sed tamē ista satis: mēbris agit atra uenenā
a.8. Huic capiti insultās fluidus liquor; oiaq. in se
a.9. Prona trahit, subitoq. oīs de corpore fugit a.11
ꝑ.10. Effera uis animi: talemq. auertite pestem. a.3
a.8. At uos ò Superi, & Diuum tu maxime Rector
a.6. Eripe me his inuicte malis; uia prima salutis,
a.1. Ad te confugio, & supplex tua numina posco.
ꝑ.10. Quo ferar? unde abij? fugit irreparabile tps. g.3
a.5. Mens agitat mihi, nec placida cōtēta qete est,
a.7. Thyrrenū ad Thybrim, & fontis tua dre facta
eg.8. Propter aquæ riuū, redimitus tpa Quercu g.1
a.2. Hic ubi uisa citò decurrit tramite VIrgo. a.5
g.3. Purior electro; strepit cūs murmure CAmp. a.6
ꝑ.9. MArtius, illa cadēs raucū ꝑ leuia murmur g.2

SA-

Iulij Capilupi

Saxa ciet, scatebrisq. arentia temperat aruu͡
eg.7. Hic arguta sacra pendebit fistula Quercu a.8
a.12. Interea maneat nostros ea cura Nepotes. a.3
e.9. Qn̄ aliter nequeo, hęc olim meminisse iuuabit,
g.1. Deniq.: nāq. sup tibi erūt q dicere laudes. eg.6
a.5. Intendant iuuat ire iugis quà nulla priorū g.3
    Castaliam molli deuertitur orbita cliuo:
e.2. Ipse inter primos, magnā Mauortis ad vrbē e.6
g.2. Sufficiet, sacra redimitus tempora lauro, a.3
a.1. Tū genus oē tuum fama tot ferrè per annos g.3
e.9. Nota quot Ionij ueniunt ad littora fluctus. g.2
a.5. Salue Magna Iouis antiquo Robore Querc g.3
g.2. Ipsa ingens arbos factura Nepotib.umbrā: g.2
a.t. Sis fęlix; tibi res antiquę laudis, & artis, g.2
g.4. Mores & studia, & series longissima rerum, a.1
e.6. Te quoq. magna manēt: superū iā signat honorē
    Et pater ipse suo, rerum cui sūma potestas. e.10
a.3. O felix una ante alias uoluentib. annis a.1
g.1. Scilicet & tēp' ueniet; cū hęc terra uidebit e.12
g.4. Seruantē ripas; uicinaq. Tybridis arua, a.3
a.3. Sceptra Palatini, et sūma dominarier arce. e.7
e.12. Audiat hęc genitor, sup et Garamātas et Indos
    Proferet Imperium; cœli de parte serena. a.9
a.10. Annuit, & totum nutu tremefecit Olympum
a.2. Intonuit lęuū. Ruere omnia uisa repentè. a.8
eg.8. Tunc oues ultrò fugiet lupus; aurea dura eg.8
    Mala

Cento III.

Mala ferant Quercus;oīs ferat oīa tellus, eg.4
eg.8.Cum canib.timidi uenient ad pocula damæ:
eg.2.Montib. & siluis,aries iam suaue Rubēti eg.4
  Murice iam croceo mutabit uellera luto:
eg.4.Incultisq.rubens pendebit sentibus uua:
eg.5.Hæc tibi sēper erūt;flauescet cāpus arista eg.4
4.7.Sponte sua;Assiriū vulgò nascet amomū, eg.4
eg.4.Et duræ Quercus sudabunt roscida mella.
eg 4.Nō rastros patiet humus;celebrate faxētes e.8
eg.4.Talia secla;quib.cælo te laudib. æquem? æ ri
æ.11.O decus Italiæ merito pars maxima nostra g.2
æ.4.Adsis ò placidusq. Iuues,hāc aspice gentē æ.6
g.2.Antiquasq.domos cui nunc cognomē Iulo æ.5
æ.11.Et malæ texere Lupi Caput oris hiatu,
æ.3.Et genus & mansurā Vrbē,tuaq inclita fama
g.2 Sistat, & ingenti ramorum protegat umbra.
eg.9.Sic tua cyrneas fugiant examina Taxos
e.10 Numina nulla premāt,rapidive potēria solis g.1
  Acrior aut Borea penetrabile frigus adurat;
eg.10.Ah tibi ne teneras glacies secet aspera glades
eg.7.Iuppiter,at læto descendat plurimus imbri,
æ.6.Spargēs rore leui;fluuios dū piscis amabit;eg.5
eg.5.Dū Thymo pascētur apes.dū frōde capellæ.e.x
æ.4.Dū memor ipse mei. dū spiritus hos reget artus
æ.8.Semper honore meo, semper celebrabere donis.

AD

AD SCIPIONEM GONZAGAM
S. R. E. Card. ampliss.

Iulij Roscij Hortini.

Vlius ingressus Pindi p amana uireta
More patrū, patrias colligit inde rosas:
Et quas per uarios Maro texuit ante
    corollas
Inserit in uarios florida dicta modos.
Tu GONZAGA tuis, quas Patria mittit ab hortis
In sertum lectas sume Maronis opes:
Et tibi frons quamuis Romano fulgeat ostro
Non minor è patria est qui tibi uenit honos.

Ad Illustriss. SCIPIONEM GONZAGAM
Cardinalem ampliss.

Iulij Capilupi.   Cento IV.

eg 1   XTREMVM hunc Arethusa
       mihi concede laborem,
ε. 10.   Fatidice Mantus Tyberini ad flu-
       minis vndam   ε. 10
eg.x.Carmina sūt dicēda: neget ʒε dre laudes eg. 6
                                       SCI-

Cento IV. 72

a. 6. SCIpiadas! vocat ingēti clamore Citherō; g. 3
a. 6. Delius inspirat uates, aperitq. futura:
a. 9. Ves ò Calliope precor aspirate canenti
a. 3. Qua mihi pdixit uelatus arundine glauca a. 10
g. 10. Mincius in ripa gelidiq. sub atheris axe; a. 8
g. 3. Purior electro cęlo gratissimus amnis, a. 8
g. 10. Populeas inter frondes, lucosq. sonantes. eg. 10
a. 2. Cum primū viridāte toro cōsederat herba. a. 5
eg. 6. Ille canit, pulsa referunt ad sydera ualles.
a. 3. Audite o proceres, ait, & spes discite uestras.
a. 3. Accipite ergo animis, atq. hac mea figite dicta.
ęp. 7. Non iniussa cano, pertentāt gaudia pectus: a. 6
a. 5. Ore fauete oēs, lętaiq. aduertite mentes, a. 5
eg. 4. Iā noua progenies, magnū vētura sub axē a. 6
g. 10. Quod uotis optastis adest; nec Romula quōdam
  Vllo se tantùm tellus iactabit alumno:
a. 8. Vatis Fatidicæ venit iam carminis ætas, eg. 10
a. 9. Nec longū in medio tēpus; Iustissimus unus g. 7
a. 11. Per gētes erit, haud ulli uirtute secūdus : a. 11
a. 7. Namq. fore illustrem fama, factisq. canebat
a. 1. Insignem pietate uirum, uoluentibus annis; g. 8
g. 12. Cui genus a proauis ingens: insigne paternū a. 7
a. 6. Quatuor hic primū nigrantes terga uolucres,
a. 3. Signa tibi d cā. pedib. Iouis armiger uncis a. 9
a. 5. Alta petens genti nomē dedit, armaq. finxit; g. 8
g. 4. Quòd iam non dubijs poteris cognoscere signis.

PAN-

Iulij Capilupi

a.3. Pauca tibi è multis, tu condita mēte tenets, g. 3
g.4. Expediam, si prima domus repetatur origo a.7
a.1. Ante diem clauso componet vesper Olympo.
a.6. Hic rē Romanā tyrio cōspectus in Ostro g.3
a.0. Lustrabit studio recolens, opibusq. iuuabit; a.1
a.1. Cōsilia i melius referet: Mauortis ad Vrbē g.6
a.1. Iura dabit, legesq. viris, ritusq. sacrorum: a.12
a.1. Ille reget dictis animos; nec parua sequetur g.11
Gloria, leta diu & multo spectata labore g.1
a.12. Succedet fama quà Sol utrumq. recurrēs a.7
Aspicit Oceanum, vinusq. per ora feretur; a.12
g.10. Hoc virtutis opus. Referā tibi Mātua palmas,
a.10. Mātua diues auis, totū vulgata per orbem. a.8
g.8. Quare agite ò Iuuenes, tātarū i munere laudū
eg.5. Spargite humū folijs, inducite fontib. umbras:
eg.7. Nympha noster amor prastāti corpe Nymphā
a.8. Cīgite frōde comas, iuuat idulgere choreis, g.9
a.7. Donaq. ferre viro, solemnes ducere pompas: g.3
g.11. Nos verò hac patriā grati referemus ad urbē.
g.2. O decus ò fama meritò pars maxima nostra,
a.8. Flos ueterū, uirtusq. uirū, mea maxima cura,
a.8. Adsis ò tandem, per spem urgentis Iuli a.6
a.2. Hāc primū tutare domū, gen' acre LVperū, g.3
a.4. Adsis ò placidusq. iuues, & sydera cælo
Dextra feras, meriti tāti nō inmemor unq: g.9
eg.4. Aggredere ò magnos aderit ia tēpus honores
Cara

Cento IV.

ᴀ. *Cara Dei soboles, magnū decus addite diuis;* ᴀ.8
ᴀ.1.*OLLI se quantis attollet gloria rebus.* ᴀ.4
g.9.*At tu Magne PAter cæli, cui sydera parēt,* ᴀ.10
ᴀ.3.*Inferniq. lacus, atq. alta mœnia Romæ,* ᴀ.1
eg.1.*Sis bonus ò, FOElixq. tuis, de MOntib. ALtis*
ᴀ.6.*Missus in Imperiū magnū, sedesq. beatas,* ᴀ.6
eg.2. *Huc adsis; nostrūq. leues quemcūq. laborē:* ᴀ.1
eg.4.*Tuq. adeò dec° hoc æui; quas dicere grates?* g.11
       Quasue referre parē? ē insignis gloria facti; g.12
ᴀ.2.*Vndiq. uisendi studio Romana propago* ᴀ.6
       Circumfusa ruit; uoces ad sydera iactant eg.1
       Intonsi montes; omnes uno ore Latini ᴀ.12
ᴀ.8.*Lætitia, ludisq. uiæ, plausuq. fremebant.*
ᴀ.1.*Nō opis est nostræ grates persoluere dignas,* ᴀ.1
ᴀ.13.*Nec gens ulla tuos æquè celebrabit honores:*
ᴀ.8.*Quid memorē portas, strepitūq. & strata uiarū,*
ᴀ.2.*Inspectura domos? solido de marmore tēpla* ᴀ.7
g.2.*Tot congesta manu? præruptis oppida saxis*
ᴀ.8.*Artis opisq. tuæ? scenis decora alta futuris;* ᴀ.1
g.2.*Fluminaq. antiquos subter labentia muros ?*
eg.1.*Et fontes sacros diuini gloria ruris ?* eg.8
ᴀ.6.*Nec vidisse semel satis est, iuuat usq. morari,*
g.2.*Quinetiam saliente sitim restinguere riuo:* eg.5
g.2.*Adde tot egregias urbes, operumq. laborem,*
ᴀ.3.*Quas nostra fecere manus: recludere fontes* g.3
ᴀ.7.*Cura tibi; insano iuuat indulgere labori.* ᴀ.6

K   Quid

Iulij Capilupi

ǧ.3. Quid maiora sequar?liceat tua dicere fcā, e.8
ę.12. Saxū antiquū ingès, æquataq. machina cælo
ꝑ.8. stabat acuta silex, penetrali ĩ sede sub auras ꝑ.4
     Erecta ingentes, cineres atq. essa perempti æ.3
ꝑ.3. Cæsaris & nomē, multos seruata per annos, æ.7
æ.6. Per loca senta situ nunquā cōcessa moueri, æ.3
æ.1. Tāta molis erat, sūmo cū monte uidemus æ.3
æ.8. (Horrendū dictu)nasta se mole mouentem; æ.3
ę.2. Accingunt omnes operi, pedibusq. rotarum
     Subijciunt lapsus, tacitam se pondere prodit:
æ.8. Obstupuere aī; mediaq. in Valle theatri   æ.5
æ.2. Insedit, dorso insurgens altissima visu: æ.8
æ.6. Ergo altè uestiga oculis uenerabile LIGnū
ę.12. Vertice se attollēs, corp miserabile NATI eg.5
ǧ.3. Hic quondā multo nitā cū sanguine sudit, æ.2
æ.6. Heu pietas heu prisca fides; Christiq. decorā ę.9
æ.4. Cæsariem sparsi rorabāt sanguine uepres. æ.8
æ.5. Proh scelus, ingēti cōcussa est pōdere tellus, æ.2
ǧ.1. Impiaq. æternam timuerunt sæcula noctem:
æ.1. Nate Patris summi nimiū crudele luisti   æ.11
     Suppliciū (ea visa salus morientibus una) g.3
æ.6. Causa mali tanti sceleris uestigia nostri, eg.10
æ.4. Submissi petimus terram; sperare salutem æ.1.
ę.11. Da Pater hoc nobis, pacē te poscimus oēs, æ.11
ę.10. Et duplices cū voce manus tollem ad astra, eg.5
æ.3. Sola in te suprema salus; miserere tuorum. æ.12

Spon-

Cento IV.   74

a. 9. Spondeo digna tuis ingentibus omnia cæptis
eg. 1. Fortunate Senex, facta é pulcherrima Roma.
g. 2. Salue magna parēs, multos dñata p annos. ę. 2
g. 2. Magna virum, tibi res antiquæ laudis et artis;
g. 2. Diues opū variarū, ostroq. insignis et auro; a. 4
a. 10. Ipsa caput populis, tot iam labentib. annis, e. 3
a. 3. Hospitiū antiquū, decus & tutamē i armis ę. 5
g. 4. Magnanimū Heroū, genus īsuperabile bello. ę. 4
a. 5. Quod superest, oro, septem subiecta Trioni g. 3
a. 8. Gensq. virum truncis & duro robore nata.
g. 2. Et pulcher Ganges, atq. auro turbidus Hermes.
a. 9. Omnis Arabs, omnes uertentes terga Sabæi,
g. 1. Numina sola colāt, tibi seruiat ultima Thyle.
eg. 6. Carmina quæ vultis cognoscite, carmina uobis
Huic aliud mercedis erit, celebrate sanētes ę. 1
g. 2. SCipiadas laudes, ultro occurramus ad undā
ę. 7. Collis Auentini, hic etiam sua præmia laudi ę. 1
a. 3. Sol ruit interea & montes umbrantur opaci.
a. 1. Durate & vosmet rebus seruate secundis:
a. 5. Hæc ubi dicta, lacu fluuius se condidit alto ę. 8
eg. 7. Mincius, & reb. nox abstulit atra colorē. a. 6

Ad Illuftriff. D. THOMAM AVALI
Marchionis Pifcariæ F.

Iulij Rofcij Hortini.

E gremio i molli fouit placidiffima Syrē
AVale,ubi ęterno vere renidet humus:
Sacraq. candenti pofuere fedilia faxo,
Et tibi Pieriæ ferta dedere Deæ.
Hinc biāde tu plectra moues. Hinc carminis auctor
Ad numeros gaudet concinuiffe tuos.
Te tua Parthenope Tyberi inuidet, & tibi plaudit
Roma, nec Alcęam mallet habere Lyram.

AD ILLVSTRIS. D. THOMAM
AVALI.
Marchionis Pifcariæ F.

Iulij Capilupi Cento V.

*a.11*   Decus Italiæ, magna Spes altera
     Roma;   *a.12*
a.9.   Macte noua uirtute puer, fate fan-
     guine Diuum;   *a.6*
eg.2. Huc ades, incœptūq. una decurre laborē: *eg.2*
                        Nulla

Cento V.   75

a. 9. Nulla meis sine te quæretur gloria rebus:
b. 3. Nã tè Parnassi deserta per ardua dulcis   *g. 3*
       Raptat amor, Phœbo gaudet Parnassia rupes. *eg. 6.*
a. 12. Ipse suas artes sua munera lætus Apollo
a. 5. Donat habere, quib. cælo te laudibaeque? *a. 11*
eg. 4. O mihi tam longè maneat pars ultima vitæ
       Spiritus, ut liceat totum mihi ferre p orbẽ *eg. 8.*
       Sola sophocleo tua carmina digna cothurno.
a. 9. Te uero uenerãdè puer? quo carmine dicã? *g. 8*
e. 11. Dicam equidem; maior rerũ mihi nascĩ ordo.
eg. 10. Teq. adeo decus hoc cui, te maxima rerũ *a. 7*
       Roma colit, uiridiq. aduelat tempora lauro *a. 5.*
eg. 4. Ipsa tibi: nã te maioribus ire per altum *a. 3*
       Auspityis manifesta fides; in te ora Latini, *e. 12*
       In tè oculos referũt: possit qd uiuida uirtus *e. 12*
       Experiare licet; iuuat indulgere labori,   *a. 2*
e. 12 O præstãs animi Iuuenis, tu maxim'ille es, *e. 6.*
       Vnus, qui nobis, uirtutem extendere factis, *a. 6.*
a. 9. Ante annos, animumq gerens curamq. uirilem
a. 1. Ausus, & angustis hùc addere reb. honorẽ. *g. 3*
e. 4. Stat domus interior regali splẽdida luxu, *a. 1*
e. 2. Diues opũ uariarũ, et aui numeranĩ auorũ *g. 4*
e. 8. Quid memorẽ? spolia illa tuis pẽdẽtia tectis *e. 2.*
e. 4. Magnanimũ Heroũ tot iã labẽtib. annis? *a. 11.*
a. 7. Quin etiã ueterum effigies decora alta parẽtũ,
e. 4. Mores & studia, & sacris in postib. arma; *a. 7*

                        K 2   For-

Iulij Capilupi

a.1. Fortia facta patrũ, pugnataq. i ordine bella? e.7.
a.5. Iamdudũ fama totum uulgata per orbẽ? a.1
e.6. se quoq. magna manet, opa ad maiora remittes
a.5. Gratior & pulcro ueniens in corpore uirtus.
eg.10. Aggredere ò magnos (aderit iã tps) honores
g.2. O decus, ò fama merito pars maxima nostra
eg.5. Fortunate puer: primã hãc tibi magn' Apollo
  Cõcessit laudẽ, & magna inter pmia duces, e.11
a.11. Vndiq. uisendi studio Romana propago a.11
a.7. Attonitis inhians animis, tua cernere facta a.8
  Assuescat, primis & te miretur ab annis.
g.3. Ergo omni studio, laudis succensus amore, a.7
eg.1. Nec te peniteat repetentẽ exẽpla tuorum, a.11
e.6. Noctes atq. dies duros perferre labores: a.6
eg.9. Cantantes sublime ferent ad Aethera Cygni
e.5. Tũ genus oẽ tuũ, genus alto à sãguine diuum;
a.7. Hinc Itala gentes, omnisq. Oenotria tellus,
a.7. Extremiq. hoĩm Morini tũc undiq. V Asti a.11
a.7. Nomẽ in astra ferãt; pueri inuptaq. puella, g.4
a.6. Matres atq. uiri, dulces ante omnia Musa. g.11
a.10. Factã canet: pulsa referũt ad sydera V Alles;
a.5. Vnde genus ducis: liceat tua dicere facta eg.8
g.2. Carminib. patrijs Tyberini ad fluminis Vndã;
eg.10. Siue mihi, tardis ingens ubi flexib. errãt g.4
  Mincius, & tenera pretexit arundine ripas
a.10. Fatidicẽ Mãtus: siqd mea carmina possũt; e.9.

Dum

Cento V. 76

eg.4. Dũ memor ipse mei, dũ spiritus hos reget art'
a.1. Sēper honos, nomenq. tuũ laudesq. manebunt.

AD IVLIVM ROSCIVM HORTINVM

IVLII CAPILVPI
Cento VI.

a.8. **V** Atis fatidicæ latum celebremus honorem   a.5
a.7. Littus ad Ausonium:
a.4. Aduētum, auxiliumq. Dei, ritusq.
   sacrorum   a.12
a.11. Intemerata colit:
a.5. Edocet Imperium, & cari præcepta Parentis
g.1. Carminibus patrijs:
g.1. Iã pridē nobis illa hæc monumenta reliquit a.6
eg.8 Pignora cara sui;
a.1. IVLIVS a magno demissum nomen Iulo,
f.11. Egregiusq. animi,
f.10. Ingemuit miseras grauiter; dlapsa iacebãt e.6
a.6. Per loca senta situ:
a.7. Tyrrhenũ ad Tybrim sub luminis edidit oras,
a.11 Retulit in melius:
f.12. Ipse suas artes sua munera latus Apollo
a.5. Donat habere viro;

        K 4 Sci-

Iulij Capilupi

a.12. *Scire potestates rerum, cognoscere causas* g.2
a.7. *Semine ab æthereo:*
a.12. *O præstans aī iuuenis, quas dicere grates,* a.18
    Quasue referre parem?
a.7. *Nursia & Hortinæ classes, populiq. Latini*
a.1   *Præmia digna ferant.*
g.4. *Qualis populea mærens philomela sub umbra*
a.4.   *Cum tacet omnis ager,*
g.4. *Amissos queritur fœtus per florea rura*   a.1
a.10.   *Corde premit gemitus:*
eg.5. *Tale tuum carmen nobis Diuine Poeta;*
a.7.   *Assiduè resonas,*
g.3. *Et mentē subitaq. animū dulcedine mouit* a.18
eg.4.   *Tu decus omne tuis.*
g.1. *Scilicet & ueniet lustris labentibus ætas.*   a.8
a.11.   *Hæc mea magna fides.*
eg.4. *Cū duræ quercus sudabūt ROSCIDA mella*
g.4.   *Rupe sub aerea.*
g.3. *Ergo omni cura susceptum perfice munus,*   a.6
a.4.   *Eia age rumpe moras:*
a.2. *Quo res cūq. cadēt; tātarū ī munere laudū* g.8.
a.4.   *Dum memor ipse mei.*
eg.5. *Hæc tibi sēper erūt; sēper celebrabere donis* g.8.
     Semper honore meo.

AD

AD ILLVSTR: AVDOENVM LVDOVICVM BRITANNVM
Episcopum Caſſanen. creatum.
Iulij Roſcij Hortini.

ALVE ſpes miſeræ magna Britannię,
  Quem pulſum patrijs littoribus fides
  Exceptum meliore Italiæ ſinu
    Sacris auxit honoribus.
Titan auricomum quà caput exerit,
  Et qua cœruleo conditur æquore
  Nomen fama tuum præpete tranſuehit
    Penna, & ſic reſonat tuba.
Nubes inſcitia cedite finibus
  Commiſſis LVDOVICO. I celer horridas
  Ad ſedes Erebi perfidia, & ſcelus.
    Virtus & pietas vigent.
Quæ templis oritur lux noua? quæ ſacris
  Maieſtas & honos? quod ſtudijs decus?
  Quam fidum viduis perfugium pijs?
    Quod ſolamen egentibus?
Hæc illa ut cecinit, ſe geminum mare
  Strauit compoſitis fluctibus, & choros
  Nympharum Sybaris iuſſit iter tibi
    Lætis ſternere floribus.

AD ILLVSTR. AVDOENVM
LVDOVICVM BRITANNVM.
Episcopum Cassanen. creatum.
DE S. CONSTANTII
Episcopi Perusini laudibus.
Iulij Roscij Hortini Carmen.

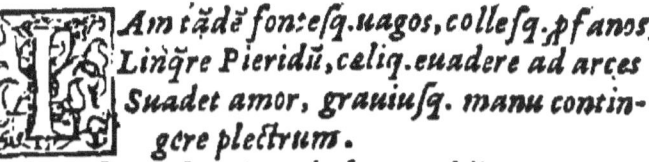Am tãdē fontesq. uagos, collesq. pfanos.
Linq̃re Pieridū, cæliq. euadere ad arces
Suadet amor, grauiusq. manu contin-
gere plectrum.
At tu CONstanti terris decus addite nostris
Dexter ades, meritã ad Tyberim dũ ponimus arã,
Et redolent flores, & fumans thuris acerra.
Eminet Ausonidum saxo subnixa rigenti
Vrbs armis, studijsq. potens, atq. ubere gleba,
Quam prope Romanas acies cædi Thrasymenus,
Et multo uidit spumantes sanguine ripas.
Hic ille in tenues primum sese extulit auras.
Antiqua Albionum præclarus origine gentis
Qua tua se tollit titulis patria inclyta auitis
O patria LVDOVICE decus, columenq. relicta.
Et vix terdenos æui compleuerat annos:
                                    Iamq.

Iamq. animo interiore agitat diuina, nec illum
Terra iuuat. sordent grauibus mortalia curis
Sollicita: & casus animam seruare per omnes
Nititur intactam, soliq. aspirat olympo.

 Interea plebs tota foro diffusa patenti,
Acclamat dignus sacras Constantius aras
Qui regat, & ueste eniteat, claraq. Tyara.

 Ille recusat onus; precibus sed uictus amantum
Præficitur templo inuitus, morumq. magister
Dat iura, & sanctis retinet sub legibus urbem:
Et patrios renocat ritus, simulacraq. frangit
Impia, diuinosq. aris instaurat honores.

 Multa quoq. edocti ueteres miracula rerum
Concelebrant: cæcis nubes tenebræq. priores
Excussa, cælum nunquam qui sidera nunquam
Spectarant, pura distinguunt luce colores.
Et claudi motu ostentant quæ tarda trahebant
Crura prius, firmasq. erecto poplite gressus.

 Multa etiam maiora fide, admirandaq. saxis
Artifici sunt sculpta manu, quæ carmine docto
Venturi referant nati, seriq. nepotes.

 Iam latè Hesperia velox it fama per urbes:
Vndiq. conueniunt tingi lustralibus undis
Qui poscant humiles sublimi in uertice crinem.

 Audijt hæc præses, flammatoq. excitat iras
Pectore, & incerto furiarum fluctuat æstu.

Sta-

Iulij Capilupi

Stabat odorata ex cedro, spectandaq. templi
In medio depicta auro, quercuq. reuincta
Effigies Iouis. Ante pedes rutilare uideres
Fulmina: iuxta ales rostro assurgebat adunco:
Turba iacet prostrata solo, lacrymisq; profusis
Vota facit, magnumq. patrem, regemq. salutat.
Parte Sacerdotes alia fulgentia uittis
Tēpora præcincti adsistunt: stat uictima ad aras
Interitura, bibensq. atrum uomit ara cruorem.
 Nil mouet inuictum. Spectat Constantius alto
Cuncta animo: ridet mentiti signa Tonantis:
Ceu quercus iuxta montes, Riphæaq. saxa
Ingenti Boreas turbat cum murmure cælum
Hæret, & insistens ictus eludit inanes.
 Arbiter extemplo thermis feruentibus illum
Includit: crepitant ustis incendia ramis.
 Quid memorē? Tēplū ante Iouis tormēta parant
Non audita prius: furit amplis flamma caminis:
Ignis edax ardet tædis, & robore secto.
Interea Christi pugili pia flamma pepercit,
Innocuos non ausa pedes, non lambere pectus.
 Nec mora. Lictores sæuos in uulnera fasces
Expediunt, durosq. iteratis uiribus ictus
Ter quater ingeminant. Toto fluit unda cruoris
Corpore, & insonti maculatur sanguine tellus.
 Aliger en liquidum niueis secat aera pennis:
            Æthe-

Aethereos nituere sinus, nituere micantes,
Spiraruntq. comae sacrum de uertice odorem.
Talia tum tacitas sonuerunt dicta per auras.
Constanti iam tempus adest, quo ferre coronam
Te decet, optatoq. pacisci vulnere mortem.
  Dixerat: ille ambas tollens ad sidera palmas,
In sua vota vocat Superos, hacq. ore profatur.
  Sancte Pater non me fugitiuae gaudia vitae
Alliciunt, non mors trepida formidine terret:
Vnum opto tecum iungi felicibus ausis.
  Vix hac. In sylvam moriturus ducitur infans.
Antra gemunt, moestis resonāt nemora alta querelis.
  Sed quo non solito completur lumine caelum?
Descendit dicto nerum velut aureus imber
Aligerum glomerata cohors. Pars una volatu
Excurrit facili: cytharas pars altera tangit:
Adiungunt alij numeros, & carmina dicunt.
Quos inter veluti puro nitidissima caelo
Stella facem ducens, tranans & nubila, & ignes
Supremos, mens aeternis sese intulit astris.
  Excipit exanimes artus, & rore sacerdos
Ora lauat, lacrymasq. addens sub marmore condit:
Tum salices humiles inter, viridesq. genistas
Pastorum spectare casas, habitare salignam
Assuescit cratem suffultum nimine culmen.
  Haec inqs mihi Sācte Pater dam'aures, & haec sis

Re-

Regia, & hac sedes; stipula licet usq. rigenti
Horreat, & dura lectum tellure ministret.
  Vos etiam mecum sacro date thura sepulcro:
Spargite humũ violis nemora hęc q. et rura tenetis:
Vos & ne pigeat cineres inuisere sanctos
Augustam quicumq. urbem, uicinaq. circum
Oppida tam fido incolitis defensa patrono.
Audiet ille, rataeq. preces adscribet Olympo.

AD ILLVSTR. VINCENTIVM
Casalium Episcopum Massanen.

De Conceptu Virginis Carmen.

Iulij Roscij Hortini.

LAVRETVM aduectam ponto qui Vir-
 ginis ędem
Custodis, praesensq. pio ueneraris honore.
VINceti; qua ad superos tuus ille volatu
Liber agens pennis frater sese intulit astris:
Dum fessus studijs Ioachim memorare dolores
Ordior, & largis manantia lumina riuis
Nazareos propter fines, Iordanis, & undas.
Mecũ ades, & lacrimis lacrimas comitare seniles
  Nox erat & caelo errabant vaga sidera amica.
                                          Cum

Cum solus viridi recubans in gramine paſtor
Adnixus cedro ingenti mœstiſsimus ore
Tales flammato rupit de pectore queſtus.
  Alma Pater, Pr̃ alme, Deus p̃ris alme Dauidis
Quod mihi non liceat prolem sperare petitam
Tot lacrimis, pellor patrij de limine templi;
Atq́; infœcundo coniux mea uenire notatur.
Num noſtri oblitus generis, clariq́. Dauidis?
  Hęc ait, & fletu humectãs sua pectora, eburnam
Eduxit cytharam repetens suſpiria cantu.
Insignem cytharam: manibus cœlata Dauidis
Illa fuit Mariæ hic præclara insignia vates
Finxerat intactæ uenturi conscius æui.
  Hanc circũ inriguis, placidis & labitur undis
Fons errans, quem nec pedibus fera deuia turbat,
Nec ramis coma detonsis delapsa, nec imber
Verberat, & cursu trepidans secat arua fugaci
Hunc propter cedrus cœlo se attollere certat
Cedrus, quæ fœtu, & folijs gratiſsima late
Bracchia protendit, gratumq́. expirat odorem.
Hanc imbres aluere, fouet calor, explicat aura.
  Proxima laurus erat serpentib. aucta corymbis
E cœlo nullos paſſa eſt quæ fulminis ictus.
Nec procul hinc oleam albenti frondeſcere ramo
Aspexi, cui nec frondes, nec miſſa per auras
Brachia deficiunt, nec odori munera veris

Seu cum saevit hyems gelidis armata pruinis,
Seu cum feruentes exurit Syrius agros.
Ad latus umbrosis ridet circundata siluis
Planicies, summaq. uiret de rupe cupressus
Ingens, atq. sua innitens in pondera palma.
 At quis dum stupeo aspiciens miracula rerum
Tanta, meas procul affertur concentus ad aures
Alituum, tangitq. noua dulcedine mentem?
Fausta precor. video medium per inane volantem
Aligerum has Ioachim felices reddere voces.
 Desine Sancte senex superos urgere precando.
Audijt omnipotens genitor. Non irrita vota
Non fusas rapuere preces ludibria venti.
Hæc mandata Deus cælo tibi mittit ab alto
Nondum mundus erat rudis, indigestaq. moles,
Aut cælum, taliq. vias, longosq. recessus,
Iusserat. eq. sua produxerat omnia mente:
Nōdum etiam sator ille hominū distinxerat astra,
Nascenti aut varias formas induxerat orbi,
Cum Patris concepta sinu, conceptaq. mente est
Diuina æthereum seruet, qua numen in aluo.
Felicem, matremq. Deus sectisq. priorem
Quam statuit, regni in partem imperijq. vocauit.
 Tu quoq. magne senex has circū carmina ualles
Intermissa canes Patrum repetita cicutis.
Dixerat. Hinc niueis cælo se sustulit alis.

I. Roscij.

Res noua, res mira, & priscis incognita seclis;
Pressa auo, sterilisq. Anna, & iam segnibus annis
Concipit. O rerum insueta, atq. occulta potestas.
   At nunc Diua sinu occulta es ceu Phœbus Eoo
Cùm surgit Cynosura latet, cœloq. renitet;
Illa tamen rutilosq. comis diffundit honores.
Agnosco inclusam gremio te voce salutat
Natura admirata decus; tibi flumina ponunt
Murmura, & irati tenuere silentia venti.
   Salue sancta parens cara te matris in aluo
Supplicibus venerata animis colit Itala tellus.
Et nunc sacra facit, lucem expectatq. sub auras
Qua caput attollas cælo venerabile sidus.
Ipse etiam tunc corde pio tibi carmina dicam,
Carmina queis clara Dominam terræq. marisq.
Voce canam: nunc & genibus procumbere ad aras
Nil moror, & Domini matrem te pronus adoro.
   Interea Italiæ fines, & Iapigis oræ
Quos tangunt, & quos discriminat alta Pyrene,
Brachiaq. ampla maris cingunt, Rhenusq. bicornis,
Quosq. celer Rhodan' tenet, et gelida ora sub Arcto:
Hi tibi sacra parent, sanctos tibi thuris honores
Accendant, plenaq. humiles uenerentur acerra.

VIRGINI GRATIARVM HORTINÆ SACRVM.

Decursis in Seminario Romano Philosophiæ spacijs

AD ILLVST. VINCENTIVM
Cansachium Amerinum.

Iulij Roscij Hortini.

Nunc qm post mille maris, terraq. labores,
Post varios cœli casus teligere carinæ
Optatu Sophiæ portu, subducere puppim
Stat mihi, dū terrā socij clamore salu-
Tu Virgo Hortinis coleris quæ ĩ collib. altis (tās.
Gratia cui nomen, grates has pectore ab imo
Accipe quod grata potiar securus arena.
  Nondum præcelsa raucus de puppe magister
Iusserat è portu classis retinacula solui,
Amplaq. laxari sinuosis carbasa ventis,
Cum Scyllam, scopulosq. inter, dirāq. Charybdim
Monstraq. non vmquam nostro conspecta sub axe
Me video heu miserum ventis horrentibus actum.
Eripui memet; sed adhuc quoq. perfida sensi

Saxa

I. Roscij

Saxa prope, & tristes hyadas, tristesq. Triones.
 Treis medijs sine sole dies errauimus undis,
Et totidem pulsi ventis sine sidere noctes;
Nec tamen immensum spatium dimensus apertæ
Littora prospexi, lacrymis licet illa profusis
Sæpius optassem iactus ad sidera votis.
 O quoties agitata mari, iactata procellis
Incidit in breuia heu visu miserabile, & aras
Parua ratis, seq. occuluit sub gurgite vasto.
 Sæpe mari in medio cunctari, sæpe sub ipsis
Ripis, & primo subigebat sistere portu
Immensus labor. Ecce iterum per littora casus
Emensa antiquos, visosq. reuoluere fluctus
Constituo. Terrebat enim via longa per alta
Aequoris, & cæli casus perq. inuia regna.
 Sed vos ò socij tonsis queis scindere pontum
Sors vetuit, fessam & iuncis religare carinam
Gaudete; ipsa licet dulcis nec lumina mater
Presserit, & patris celebrarit funera ritu.
Quamquàm ego funereo te per uada salsa sequutus
Carmine Pichine ad numerum te adiunge diuum
Dum cupio, quos perpetuo pax candida seruat
Erexi tumulum niueo de marmore ad antrum
Tybridis, & lento decoraui marmora serto.
 At quis me Superum per tot discrimina, per tot
Horrendos pelagi fluctus diuertere in oras

Has

Carmina

Has iussit, latumq. optatæ aduertere ripæ?
  Te duce uera Dei genitrix Regina volantum
Cœlicolum, spes fida hominũ, te te auspice tractus
Terrarum immensos, rapidiq. uolumina Olympi,
Lustraui, longasq. uias, longumq. per æquor
Innaui, solers varios dum sæpe recursus
Naturę admiror, radiantes ætheris ignes
Obseruo, & septem subter trepidantia signa.
  Illinc digrediens medium per inane uolatum
Subduxi, densis laxet quid nubibus imber
Altaq. quis quatiat crepitanti grandine tecta,
Quæsiui rapidus tenues quis spiritus auras
Sollicitet, quid tot moueat sub marmore bella,
Aut cur præcipiti sonitu sese æthere mittant
Fulmina: sulphureos glomerent è nubibus ignes.
Hinc ò vos fontes sacri, vos flumina uidi,
Teq. Tybri imprimis lento qui gurgite in æquor
Laberis, & placidus, uiridisq. per arua meorum
Populea excurris velatus tempora fronde.
Nec minus interea quæ sit data cuiq. potestas
Indago, quid mentem homini, sensusq. ministret:
Quis Deus ingentem molem, Titaniaq. astra
Dirigat, & quidquid solers natura creauit.
  Huc ubi deuentum est, per tot discrimina tutos
Euasisse iuuat, durum & tenuisse per undas
Mente iter inuicta, atq. uiam per inhospita saxa

Diffi-

Difficilem superasse, animũ dum multa retardãt,
Et vanæ ambages terrent, fraudesq. locorum.
 Tu tamen ò lux clara Poli sanctissima Virgo
Tres annos latè erranti tua lumina cymbę
Præfers, atq. viam ad Sophiam quæ ducit apertam
Ostendis, fidumq. mihi das tangere portum.
 Quas grates, quæ digna tuo mea carmina honore
Cantabit cythara, aut numeris resonãtia plectra?
 At nunc me maiora uocant per inane sequẽtem
Quem Diuum celebrant hominum, rerũq. potentẽ.
Quèm circum Alituũ cœtus, quem mille cohortes
Hinc atq. hinc glomerãt, circũ quẽ cymbala pulsãt
Et cytharas tangunt toto plaudente Senatu.
 Pande viam ueneranda Parẽs, uolitare p astra
Est animus, cęliq. super septemplicis orbes.
Fausta adsis, præsensq. animum, uiresq. ministra.
Da pleno puppis subeat tuta ostia vento,
Et tandem imponas uictricia serta carinæ.

IVLII ROSCII
HORTINI
Sacrorum Carminum libellus.
AD IVLIVM ANTONIVM
SANCTORIVM S. SEVERINAE
NVNCVPATVM
S. R. E. Card. ampliß.

R. P. F. DAMIANI GRANAE
Veronensis Ord. Seru. Sacræ Theol.
profeß. opera in lucem editus.

IVLIO ANTONIO
SANCTORIO

S. R. E. Card. Sanctæ Seuerinæ nuncupato.

F. Damianus Grana S. P. D.

TIBI vero Sanctori Card. amplissime præcipue debebatur vt his opusculis, quæ bonarum literarum, ac studiosorū amore in lucem edidi vltimā manum imponeres. Tu enim es familiæ nostræ Seruorum tuorū patronus optimus, & huius maxime Cœnobij Romani, tituli S. Mariæ in Via defensor acerrimus. Ac quod ad me pertinet in hoc templo degentem vsque ad hanc diem productam ætatem, quæ extrema in vita est, post Deum magna ex parte me tibi acceptam r. ferre certo scias. Offero nunc Iulij Roscij Hortini libellum sacrorū Carminum, monus sane tenue studijs suis; tamen quod in manus sumere possis si quando à grauiorum rerum intentione in Musarum Hortulis conquiescere placuerit. Volui hoc ipso & auctoris, qui amplitudinis tuæ studiosissimus est, & meæ erga te obseruantiæ id extare monumentum posteris. Putaui enim non satis esse prædicari à me beneficia erga me singularia, & nostri ordinis ac prouinciarum nostrarū viros religiosos, nisi ceteris etiam essent manifesta. Vale & vt facis cænobium nostrum, ac prouincias tuæ fidei creditas promouere perge. Ex Cænobio S. Mariæ in Via.

IN INSIGNIA IVLII ANTONII SANCTORII
S. R. E. Card. Sanctæ Severinæ nuncupati.

Iulij Roscij Hortini epig.

ASPICIS vt rostro terebratus pecto-
   ra adunco
   Vitali natos sanguine pascit auis?
Pascẽdi gen' insuetũ. Late unda cruoris
Effluit, & teneris spiritus inde redit.
Huic similis tu spargis opes tibi parcus, egenos
Atq. opibus proprijs sæpe iuuare soles.
Quid si pro CHRISTI dandus sit nomine sanguis?
Verior hoc ipso tu Pelicanus eris.

S. Magdalenæ ante Crucem lamentatio.

Arbore dum pendes durâ dulcissime Iesu,
  Sanguinis & terram flumina quina rigât.
Ante Crucem spargoq́ comas, & brachia tendo,
  Persequor & lacrymarum imbre rigare genas.
Plenam sublimi posito de vertice & vrnam
  Vnguentis, tumuli mystica dona fero.
O liceat crine effuso bis lambere plantas,
  Et vitæ & morti debita iura dare.
Interea fidam moriens ne desere amantem.
  Hoc ligno, vitæ spes mihi certa manet.

Ad Angelum custodem.

Qvi vigil excubias nostri geris Aliger, adsis
  Præsidio. Pendet te duce nostra salus.
Tu potes hanc aīam p̄ tot discrimina vitæ
  Perq́.graue incerti ducere callis iter:
Vt postquam sese vinclis dissoluet in auras
  Tecum agat æthereos consociata choros.

De S. Laurenti reliquijs Albæ in téplo S. Mariæ de Rotunda nuncupato repertis. CIƆ IƆXXCVI

Laurenti dum flamma tuos depasceret artus,
  Serperes & toto corpore dira lues.
Relligio laniata comas ossa igne perusta
  Condens, & cineres in sacra vasa pios.
Dixit & hos nobis flamma peperere triumphos,
  Quas rapere optauit flamma reliquit opes.

De

Carmina.

De Lotione pedum Discipulorum.

Aurea cui nitidi famulantur sydera Olympi
  Mortales adstat cernuus ante pedes.
Oscula prima rapit diuini proditor oris,
  Primaq́; sordentes abluit vnda pedes;
Officium tamen ingratus non sensit Iudas
  Durus conceptum prosequiturq́; nefas.
Audaces agit ille pedes in damna magistri
  Nescius in proprium mox reditura caput.
O pietas, ò mira Dei clementia, summum
  O scelus, ò gelida durior & silice.

De celebritate Sanctiss. Sacramenti Romae in Agone ante lucem agi solita in Anastasi D. N.

Hic vbi Roma cauo consedit plena theatro
  Nocturnas tenebras lumina mille fugant.
Lumina quae uarijs distincta coloribus Irim,
  Quae referant numero sidera clara Poli.
Procedit sacra pompa tibi rediuiue parata
  Christe tibi laetis assonat aethra modis.
Mortis ubi fuerant nunc sunt spectacula uitae
  Quando vita, atrox mors superata iacet.

S. Nicolaus de nocte auro intra domum pauperis iniecto tres puellas nubiles ob egestatem de pudicitia periclitantes liberat.

Pauperiem ob duram teneras exponere natas
  Cogitat, & triplici quaerere lucra toro.

I. Roscij 86

Stat genitor marens, pia dat manus adib. aurum,
 Seruatur niuea flosq. pudicitiæ.
Quisquis eges confide Deo: somnum interet umbras,
 Illius optatas dextera fundit opes.

Ad Ioan. Baptistam Loragum Nouocomen. Ciuem Clariss. in die Natali S. Ioan. Baptistæ.

Nascitur ille puer vatum qui arcana priorum
 Pandat, qui vitæ demissum sedibus altis
Auctorem digito ostendat, supplexq̄ salutet.
 Salue magne puer decus immortale tuorum
Lux noua sæclorum qua te post aurea surgent.
Iam tibi sylua comis plaudit resonantibus; ipsæ
Te comitem expectantq̄. feræ, quarū antra subibis
Sponte, puer, delicta docens nos plangere nostra.
Quin te ripa uocat gelidas Iordanis ad undas;
Quo niuea cælo se demittente columba
Diuinum aspergas crinem cœlestis Iesu.
 Sis faustus. Baptista tuus prostratus ad aras
Multa super natis, supra quoq̄. coniuge multa
Orat. Ades venerande puer, nec despice vota.

De S. Bernardini templo in agro Hortino.

Hoc cliuo assurgit collis, cœloq̄ minatur,
 Stant vbi deserta nomina sola domus.
Hic nemus umbrosum, gratiq̄. leuamina ruris,
 Hortulus & gelidæ limpidus humor aquæ;

Sed

Carmina

Sed maius quod templa nitent, cœtusq. piorum,
   Et Spolia Etrusci stant veneranda Patris.
Ingredere, atq. humilis sanctas prouolutus ad oras
   Pro Hortinis populis redde benigne preces.

Ad Deum Opt. Max. precatio ut felix faustumq. iter Iulio Mancinello S. I. Bizantium religionis ergo nauiganti concedat.

O Qui cuncta tuo flectis uaga flumina nutu,
   Solus & Imperio qui maria alta regis
Annue Sancte Pater pro religionis honore
   Iulius Adriacas dum trabe currit aquas.
Et venti ponant, totumq. repente residat
   Aequor, & auertant Eurus & vnda minas.
Ipse tuum nomen latus extendet in oras
   Qua ligat, & qua sol mane resoluit equos.

De S. Alexio Patritio Rom.

Deliciæ matris, claræ spes unica gentis
   Vrbe fugis, patriam linquis & exul opes:
Nec sponsæ promissa fides, cariq. Nepotes,
   Nec tangunt cari gaudia coniugij.
Post varios hominum terras, peragrataq. regna
   Roma iterum ignotus nomine pauper agis.
Fortunate. Aera extinctum resonantia norunt,
   Nec noscit ciuem Roma superba suum.

In S. Pauli Conuersionem.

Erſequeris dū Saule crucē, Chriſtoq́. minaris,
  Et furis in ſacrum ceu lupus ore gregem
Vectus equo rapidus Damaſci tendis ad arces,
  Ecce tibi fulgens æthere Chriſtus adeſt.
Excuteris, pronuſq́. cadis. mortalis an ullus
  Audeat æterno bella mouere Deo?
O felix caſus. Sic tu tranſcriberis aſtris,
  Sic per te diſcit Roma ſalutis iter.

In diem Feſtum ad niues.

Non opus hic pueri uiolis, teneriſq́. hyacinthis,
  Non ſparſis inter lilia cana roſis.
Roma ſinum tu pande tuum, gelidaſq́. pruinas
  Collige, quæ medijs æſtibus arua tegunt.
Hic templum ſtatue: niuei argumenta pudoris
  Sunt lapſa è cælo uellera cana niuis.

In Aſſumptionem B. Virginis.

Huc oculos conuerte tuos, ſi pectora tangunt,
  Aut amor, aut ſacri numinis exequiæ.
Mors ſuperata cadit Diuis dum fata minatur
  Sunt auſis iſthæc præmia digna tuis.
I mors tange Deam, duro quando inuidia ſaxo
  Vincere dum credis funere uicta iaces.

Virgini Lateranen. Sacrum.

SI Sophia liceat ſcopulos enare per altos
  Ne ratis Aeolijs preſſa fatiſcat aquis.

Non

Carmina.
Non humilem tantum Laterani ad tēpla tabellā,
  Sed cor virgineis reddam animamq. focis.
Interea accensis dum tædis enitet ara,
  Sanctaq. Panchæo fumat odore domus
Aspice deuoto fusas tibi pectore voces,
  Donaq. parua licet, qualiacunq. cape.

Deiparæ Virgini Lauretanæ
sacrum.

NAVTA vt præcipitem per mare deuium
  Cernens ire ratem segnitiem excutit;
Errantem tabulam præripit impiger
  Vitæ spem dubiam suæ.
Hinc supplex precibus sollicitat Deum
  Ille audit gemitus. Tum reducem accipit,
  Defessumq. domus. Tum tibi gratias
  Dicit maxime cœlitum.
Sic me Diua tua restituis manu
  Pollentem, & pauidum, tabeq. turgidum
  Præsenti recreas auxilio, & meis
  Votis lenior annuis.
Nunc sospes tabulam pro statua tibi
  Votiuam refero, sacraq. carmina
  Mox latus recinam te fidibus nouis,
  Et corde, atq. humili prece.

In S. Mariæ de Quercu nuncupatæ in agro Narniensi miraculis clariss.

Sulphureis ubi præcipitat Nar candidus undis
  Panditur annosis quercus opaca comis:
Huius in effoso concludit robore arator
  Inuentam in sulco Virginis effigiem.
Enitet è niueo cælestis marmore imago,
  Desertisq. locis relligione viget.
Hanc pastor, ciuisq. frequens colit inde tabella
  Pendet, & è nemore est iam sacra facta domus.
Qua secreta uacat Maria iam nomine tellus?
  Ipsa etiam sylua Virginis acta canunt.

Pro Flaminia Scotta Roscia sorore Sacrum.

Diua tibi è quercu pendet frondente tabella:
  Hanc dicat optata, casta, salute, soror.
Pallentes per te fugiunt de corpore morbi,
  Quos hominum valuit nulla leuare manus.
Flaminia ad medicas frustra cum fugerit artes
  Quærit opem Virgo, præsidiumq. tuum.
Erige tu miseram: patria illi Narnia sede.
  Narnia quæ per te tot sacra signa videt.

F. ALPHONSVS CIACON
F. Damiano Granæ Sacræ Theologiæ Doctori. S. P. D.

Audo studiũ tuũ mi Damiane, quod cõfers ad ea monumẽta in hominũ lucẽ eruenda, quæ partim perierant, partim obscura erãt, partim mutila circũferebãtur. Accedẽte pſertim Iulij Roscij Hortini diligẽtia, cuius apud me iã diu pbata industria ẽ. Tu vero optime operã tuã collocas, & pietatẽ maximã ostẽdis, qui tuis ẽt quos potes habere superioris ætatis, ac tuorũ laborib. amicorũ præfers. Noui ingeniũ tuũ multo ante natũ ad oẽm laudem, et ad studia, nõ mõ humanitatis sed ẽt S. Theologiæ deditũ. Noui te maiorũ tuorũ sectatũ uestigia pene recentem uinẽtẽq. R. P. Octauij Patagathi gloriã æmulari. Illi' domicilio iã diu uteris. Sperãdũ idẽ de te q̃ pter q̃ quod literis egregiã operã nauas, nõ desinis aliorum fructũ q̃rere quod ẽ maximũ Viri Religiosi munus. Perge in ista uoluntate benemerẽdi mi Damiane; sed ita ut tibi parcas ætate iã graui, ut uita diuturnitate, quã bon´s omnes à Deo Opt. precari decet. maiorẽ q̃ utilitatem indies afferas familiæ tuæ [...] ius unicum es ornamentum ac decus.
ex monte Pincio.

www.ingramcontent.com/pod-product-compliance
Lightning Source LLC
Chambersburg PA
CBHW032144160426
43197CB00008B/770